Hrsg.: Susanne Viernickel
Petra Völkel

Silvia Gartinger

Früheste Beobachtung und Dokumentation

Bildungsarbeit mit Kleinstkindern

1. Auflage

Bestellnummer 50454

Bildungsverlag EINS

Haben Sie Anregungen oder Kritikpunkte zu diesem Produkt?
Dann senden Sie eine E-Mail an 50454@bv-1.de
Autoren und Verlag freuen sich auf Ihre Rückmeldung.

Die Autorin

Silvia Gartinger, Diplom-Pädagogin, ist als Fachbereichsleiterin der Fachschule für Sozialpädagogik des Evangelischen Johannesstiftes in Berlin seit 2003 in der Ausbildung von Erzieherinnen und Erziehern tätig. Umfangreiche Erfahrungen sammelte sie während Tätigkeiten in verschiedenen Einrichtungen der Jugendhilfe in Köln und Berlin sowie als Leiterin einer Wohngruppe für Menschen mit Behinderungen.
Schwerpunkte ihrer fachlichen Arbeit sind Qualitätsentwicklungsprozesse in Einrichtungen frühkindlicher Betreuung und die Qualifizierung von Fachpersonal in und für verschiedene(n) sozialpädagogische(n) Arbeitsfelder.

Bildquellenverzeichnis

Bildungsverlag EINS, Troisdorf: S. 79, 80 (unten); Bildungsverlag EINS/Angelika Brauner: S. 18; Bildungsverlag EINS/Cornelia Kurtz: S. 14, 17, 28 (oben), 31, 37, 38, 45, 88 (oben); Bildungsverlag EINS/Heidi Velten: S. 25 (unten); Bildungsverlag EINS/Nadine Dilly: S. 47, 85; © Fotolia.com: S. 7 (ClickPop), 11 (Digitalpress), 13, 30 (oben) (Ramona Heim), 15 (Grischa Georgiew), 23 (Norman Pogson), 24 (links) (maks_photo), 24 (Mitte), 30 (unten) (NiDerLander), 24 (rechts) (Catherine Estevez), 25 (oben), 51 (Erika Walsh), 28 (unten) (Joseph Shelton), 29 (Monkey Business), 32 (oben) (Sven Baehren), 32 (unten) (Lilia Beck), Umschlagfoto, 35, 73 (Pavel Losevsky), 39 (unten), 83 (Xenia1972), 40 (Linda Dalton), 57 (MacJac), 61 (Raia), 67 (fotofrank), 72 (cédric chabal), 80 (oben) (Michael Kempf), 87 (unten) (kristian sekulic), 88 (unten) (Adam Borkowski), 95 (Brebca), 101 (Photoeyes), 129 (Steven Belanger); Kringe, Burbach: S. 70, 71, 74; mauritius images/Hans Peter Merten: S. 87 (oben); mauritius images/Jeff O'Brien: S. 39 (oben); mauritius images/Marina Raith: S. 36, 68; wdv/ Elisabeth Nohel: S. 16

Sie finden uns im Internet unter:
www.bildungsverlag1.de
www.bildung-von-anfang-an.de

Bildungsverlag EINS GmbH
Sieglarer Straße 2, 53842 Troisdorf

ISBN 978-3-427-**50454**-2

Inhalt

Vorwort der Herausgeberinnen

Die Beobachtung und Dokumentation von Entwicklungsfortschritten und Bildungs-prozessen sind als Fachaufgaben in den Bildungsprogrammen der Bundesländer fest verankert. Und das zu Recht: Im Kontext eines modernen Bildungsverständnisses, das sich am Bild des eigenaktiven Kindes orientiert, welches seine eigene Entwick-lung mitgestaltet, reicht es nicht aus, Kenntnisse über normative Entwicklungs-schritte zu haben, die in einem bestimmten Alter erwartet werden. Dieses Fachwis-sen muss vielmehr ergänzt werden um die Bereitschaft, Kinder als Individuen zu betrachten, die ihre eigenen Wege der Aneignung von Fähigkeiten und Fertigkeiten gehen, sowie um die Kompetenz, aus systematischer Beobachtung Schlüsse hin-sichtlich der aktuellen Bedürfnisse, Interessen und Entwicklungsthemen einzelner Kinder zu ziehen. Darauf aufbauend können pädagogische Angebote und Umwel-ten so gestaltet werden, dass Kinder in ihrer Entwicklung angeregt und herausgefor-dert werden. Sowohl Unterforderung und Langeweile als auch Überforderung und Leistungsdruck werden so vermieden. Noch wichtiger ist, dass Kinder – auch schon Babys und Kleinkinder – sich in einer solchen Umgebung als kompetente Lerner erleben, deren Aktivitäten und Ausdrucksformen wertgeschätzt und positiv beant-wortet werden.

Beobachtung kann gerade auch in der Bildung, Erziehung und Betreuung der jüngs-ten Kinder als ein Königsweg gelten. Mehr noch als bei älteren Kindern sind wir darauf angewiesen, ihre vielfältigen Ausdrucksformen „lesen" zu können, um zu erfassen, was sie uns mitteilen wollen, was sie selbst bewältigen können und wo es gilt, Unterstützung zu geben oder Impulse zu setzen. Beobachtung hilft, sich ein Bild über jedes Kind, seinen Entwicklungsstand und seine bevorzugten Zugänge zur Welt zu machen, sich mit Kolleginnen und Kollegen sowie Eltern hierüber auszu-tauschen und Anzeichen für Entwicklungsrisiken rechtzeitig zu erkennen. Die re-gelmäßige Dokumentation von freien und merkmalsgeleiteten Beobachtungen, an-ekdotischem Material, Arbeitsergebnissen und Kommentaren der Kinder zu ihnen wichtigen Ereignissen oder kreativen Produkten ist in ihrer Gesamtheit ein lebendi-ges Zeugnis der Bildungsbiografie eines Kindes vom Eintritt in die Kita oder Tages-pflege bis zum Übergang in die Grundschule (vielleicht sogar darüber hinaus).

Wege aufzuzeigen und Methoden vorzustellen, wie die Kernaufgabe „Beobachten und Dokumentieren" auf den Bereich der Arbeit mit unter Dreijährigen angewen-det werden kann, ist Ziel dieses Buches. Es geht dabei um Gründe und Ziele von Beobachtung und Dokumentation, um die Vielfalt möglicher Beobachtungsthemen und die sinnvolle Auswahl oder Kombination von Beobachtungsformen und Doku-mentationsverfahren. Viel Raum ist der Umsetzung in den Praxisalltag, der Auswer-tung von Beobachtungsergebnissen und ihren Konsequenzen für das konkrete päda-gogische Handeln gewidmet. Theoretische Abschnitte wechseln sich mit erprobten Ideen zur Umsetzung, konkreten Praxistipps und Arbeitshilfen ab.

In diesem Buch wurde ein Zugang zu Beobachtung und Dokumentation gewählt, der darauf beruht, dass die Leserin/der Leser immer wieder selber eine Beobachter-rolle einnimmt – und zwar in Bezug auf die eigene pädagogische Praxis, das eigene pädagogische Handeln. Deshalb finden sich zu Beginn jedes Kapitels „Offene Fra-gen", die dazu einladen, sich selbst einmal neugierig zu be- oder auch zu hinterfragen. Zum Beispiel: „Wie beeinflusst mein Bild vom Kind meine Wahrnehmung bzw. die Deutung des Gesehenen?" oder „Wie dokumentieren wir jetzt schon das Beobachtete? Können wir es auch für die geänderte Altersgruppe weiter verwenden?" Als Leserin oder Leser halten Sie daher kein Lehrbuch, sondern vielmehr ein flexibles Lern- und Arbeitsmaterial in der Hand, das Sie dabei unterstützen möchte, allein und gemeinsam im Team sowie im Austausch mit Eltern und Kindern geeignete Möglichkeiten der Beobachtung und Dokumentation für ihre spezielle Arbeitssituation und unter den bei Ihnen vorliegenden Rahmenbedingungen zu finden.

Petra Völkel und Susanne Viernickel

1 Vorbemerkung

1   Vorbemerkung

Ein Arbeitsfeld von Erzieherinnen und Erziehern ist in den letzten Jahren zunehmend in den Fokus der Aufmerksamkeit geraten – die Betreuung und Bildungsarbeit mit den unter Dreijährigen in den sogenannten Kinderkrippen.

Gerade in den westlichen Bundesländern gibt es (aufgrund historischer Unterschiede) bisher eher wenig Erfahrung mit dieser Altersgruppe in den Einrichtungen. Die Erweiterung des Betreuungsplatzangebotes in diesem Bereich ist aufgrund vieler Faktoren wünschenswert und notwendig (Wandel in den Familienstrukturen, z. B. durch Berufstätigkeit der Frau, Ein-Kind-Familien, familiäre räumliche Flexibilität durch Arbeitsmarktsituation, Bildungsanregungen). Die Nachfrage nach Krippenplätzen kann zurzeit bei Weitem nicht gedeckt werden.

Dieser Situation gibt die politische Forderung nach mehr Betreuungsplätzen und einer entsprechenden Erhöhung der Platzzahlen im Bereich der Betreuung von 0 bis 3 Jahren Ausdruck. Zusätzliche Betreuungsangebote, die sich auf diese Altersgruppe spezialisieren, entstehen im Zuge dieser Entwicklung.

Darüber hinaus öffnen viele Kindertageseinrichtungen, die bisher nur Kinder im Alter ab drei Jahren aufgenommen haben, ihre Türen für die „Kleinen".

Beobachtung von Kindern unter drei Jahren: Vieles ist wie bei den Älteren, manches ist anders.

Die beschriebene Entwicklung erweist sich für viele Erzieherinnen und Erzieher als neue Herausforderung. Bedeutet sie doch die Weiterentwicklung vorhandener pädagogischer Konzepte und Handlungsstrategien. Nicht nur, dass neue Aufgabengebiete hinzukommen, wie z. B. Tätigkeiten in der Kinderpflege, auch die übrige Arbeit muss auf die neue Altersstufe abgestimmt werden (bzw. an die besonderen Bedürfnisse der Kleinen angeglichen werden).

Genau hier möchte das vorliegende Buch ansetzen. Es soll eine praktische Hilfe zur Anpassung der bestehenden Kernaufgaben „Beobachten und Dokumentieren" an den Bereich der Arbeit mit unter Dreijährigen bieten.

Um eine gute Handhabbarkeit zu erreichen, sind die Kapitel nach einer inhaltlichen Einleitung (Kapitel 1 und 2) in drei große Bereiche untergliedert:

Einstieg („Offene Fragen")

Werden Sie sich Ihrer Fragen bewusst!

Bei der Integration der Erkenntnisse von „Beobachtung und Dokumentation" ergeben sich immer wieder Fragen und Probleme in der praktischen Umsetzung theoretischer Grundlagen. Was sich in der Theorie einleuchtend und gut anhört, ist in der Praxis häufig gar nicht so einfach und praktikabel.

Die offenen Fragen erfüllen somit die Funktion der gedanklichen Hinführung zum Thema und sollen Beispiele für ganz konkrete Problemstellungen darlegen. Sie sind beispielhaft und können durch eigene Fragen ergänzt werden:

- _____

- _____

- _____

Darüber hinaus geben sie eine Einstimmung auf die im Kapitel behandelten Inhalte.

Theoretische Hintergründe („Wichtiges wissen")

Eine kurze theoretische Einführung in die einzelnen Themenschwerpunkte soll vorhandenes Wissen „auffrischen" und kann auch zu neuen Erkenntnissen führen.

An welches Wissen können Sie anknüpfen?

Vieles wird Ihnen bekannt vorkommen, einige Informationen werden Sie vielleicht überraschen und hoffentlich anregen. Grundsätzlich wird Wert darauf gelegt, die Besonderheiten der Arbeit mit unter Dreijährigen darzustellen. Praxisbeispiele sollen die Nutzbarkeit der Ausführungen erhöhen.

Praktische Tipps zur Umsetzung („Richtiges tun")

Die Kapitel werden durch Handlungstipps zum jeweiligen Thema für die Umsetzung in Ihrer Einrichtung abgerundet.

Lassen Sie sich durch Ideen zur Umsetzung anregen!

Im Text finden sich entsprechende Verweise auf Arbeitshilfen in Form von Checklisten und Kopiervorlagen, aber auch Hinweise zu weiterführender, vertiefender Literatur sowie Internetquellen.

2 Wahrnehmung und Beobachtung

2 Wahrnehmung und Beobachtung

2.1 Anforderungssituationen aus der Praxis

„Was machst du da?"

Kennen Sie nicht auch diese oder ähnliche Situationen?

Nichts Besonderes:
Es gibt viele Situationen im Alltag der Kinderkrippe, in denen wir auf Beobachtungen zurückgreifen.

Beispiel

Der Kinderladen „Traumgarten" hat Zuwachs bekommen. Ab sofort werden auch Kinder unter drei Jahren aufgenommen. Zur „Igelgruppe" gehören jetzt auch drei „Krippenkinder". Die langjährige Erzieherin Vera K. übernimmt die Leitung und fühlt sich unsicher in der Gestaltung von Angeboten für die unter Dreijährigen. Nach intensiver Fachlektüre konnte sie zwar ihre theoretischen Kenntnisse in Entwicklungspsychologie usw. „auffrischen", ist sich allerdings nicht ganz sicher, ob sie jetzt genug Wissen erworben hat, um dem einzelnen Kind gerecht zu werden. Außerdem verunsichert sie die vorsprachliche Stufe, in der sich die Kinder befinden und die an die pädagogische Betreuung und Förderung durch die Verknüpfung von Handlung und Sprache besondere Anforderungen stellt. Sie beschließt, die Kinder zunächst einmal zu beobachten, auch um sich in ihrem Verhalten sicherer zu werden. Dabei entwickelt sie zunehmend Ideen für entwicklungsangemessene Angebote, die auch die Interessen der „neuen Kleinen" berücksichtigen.

Die Eltern von Tim (2;5) kommen zu einem ersten Gespräch in die Krippe und fragen nach dem Entwicklungsstand und dem Verhalten ihres Sohnes in den verschiedenen Bildungsbereichen. Sie möchten wissen, ob das zu Hause gezeigte Verhalten mit dem in der Krippe übereinstimmt und ob es altersgemäß ist. Der Erzieher stellt ihnen anhand der letzten Beobachtungsprotokolle vor, was Tim im letzten Vierteljahr für Fortschritte in seiner Entwicklung gemacht hat und welche Angebote in der nächsten Zeit geplant sind. Außerdem tauscht er sich mit den Eltern über ihre Möglichkeiten aus, Tims Entwicklung in der Krippe und im Elternhaus weiter zu fördern.

Der Erzieher Nils H. nimmt „aggressives Verhalten" bei Nina (2;0) wahr. Im Tagesablauf gibt es immer wieder Situationen, in denen die Aufmerksamkeit des Erziehers auf das laut schreiende und schlagende Mädchen gelenkt wird. Nils H. ist sich jedoch nicht ganz sicher, ob es Auslöser für das gezeigte Verhalten gibt oder welche Kontextfaktoren eine Rolle spielen. Er erkennt Beobachtungsbedarf und die Notwendigkeit, sich im Nachhinein mit seinen Kolleginnen und Kollegen über Interventionsmöglichkeiten auszutauschen. Ziel der Beobachtung soll zunächst eine Klärung der Häufigkeit und der Erscheinungsformen des aggressiven Verhaltens sein, um dann geeignete pädagogische Maßnahmen zu beraten. Der Erzieher beginnt, Nina regelmäßig zu beobachten und diese Situationen in beschreibender Form festzuhalten, die Häufigkeit des aggressiven Verhaltens soll mittels eines Beobachtungsbogens dokumentiert werden.

Sophia (1;5) ist neu in der Krippe „Schwalbennest". Sie hat trotz langer und gut verlaufener Eingewöhnungsphase mit Begleitung der Mutter und dem schrittweisen Aufbau einer Beziehung zur Erzieherin nach wie vor Schwierigkeiten, in der Kindergruppe Kontakt zu finden. Das Kind spielt nur alleine. Nachdem sich diese

Situation auch in der zweiten Woche nicht verändert hat, beschließt die Erziehe-rin, Sophias Verhalten genauer zu beobachten. Sie möchte u.a. herausfinden, ob andere Kinder Sophia Beziehungsangebote machen und sie diese dann ablehnt oder ob Sophia ihrerseits versucht, mit anderen Gruppenmitgliedern in Kontakt zu treten, und dabei möglicherweise Zurückweisung erlebt. Die Erzieherin erhofft sich dadurch nicht nur Aufschluss über die Integrationssituation Sophias, son-dern auch Hinweise auf die Gruppendynamik in der Kindergruppe mit dem Ziel einer Situationsklärung und der Planung weiterer Schritte.

2.2 Bedeutung der Beobachtung in der Begleitung und Anregung frühkindlicher Bildungsprozesse

Siehst du, was ich schon alles kann?

Kinder in allen Altersstufen sind aktiv, nehmen ihre Umgebung wahr und lernen in der selbststän-digen Auseinandersetzung mit ihrer materiellen und sozialen Umwelt. Kinder sind einmalig und entdecken ihre Welt auf ihre eigene individuelle Art und Weise.

Erzieherinnen und Erzieher gestalten die Umge-bung der Kinder, machen (individuelle) Erfahrungs-angebote, nehmen die Entwicklungsprozesse, Lern-wege und die Persönlichkeit der Kinder in ihrer Differenziertheit wahr, unterstützen diese und re-gen sie an.

Wahrnehmen und Beobachten sind demnach Tätigkeiten, die alltäglich, selbstverständ-lich und gerade deshalb unverzichtbar sind. Die Wahrnehmung ermöglicht Lernpro-zesse auf verschiedenen Ebenen: Das Kind erinnert Dinge und ihre Eigenschaften, es handelt in der Wahrnehmung aktiv mit dem betreffenden Menschen oder Gegen-stand, es verknüpft die wahrgenommenen Gefühle mit dem Objekt und es drückt diese Wahrnehmungen, so weit es ihm möglich ist, auch durch Sprache aus.

Ohne Beobachtung kann die Betreuung von Kindern nicht individuell geleistet werden.

Wahrnehmung und Beobachtung sind die Grundlagen allen Lernens und wenn man genau hinsieht, so geht es beim Kind wie bei der erwachsenen Erzieherin um einen Lernprozess.

Das Kind nimmt Informationen aus seiner Umwelt auf und macht Erfahrungen mit dieser. Die Erzieherin nimmt die Aktivität, das Verhalten des Kindes wahr und rich-tet das eigene pädagogische Handeln daran aus, macht Lernangebote.

Die scheinbar zufällige Aufnahme von Informationen über ein Kind ist jedoch als Grundlage für eine professionelle frühpädagogische Betreuung und Förderung häu-fig nicht ausreichend. Es braucht gezielte und planvolle Beobachtung, um die individuellen Lernwege des Kindes zu entdecken und in weiteren Schritten dokumentieren und auswerten zu können. Beobachtung dient der Hypothesenfindung und Überprüfung bereits vorhandener Annahmen über das Kind und dessen Verhalten. Auf dieser Basis kann dann die Planung der pädagogischen Arbeit, sozusagen „maßgeschneidert" für das Kind, für die Kindergruppe erfolgen.

Dabei gilt es auch die Rolle der Umwelt, z. B. des Familienhintergrund, der anderen Kinder zu berücksichtigen.

Tipp

Behalten Sie das Ganze im Blick!

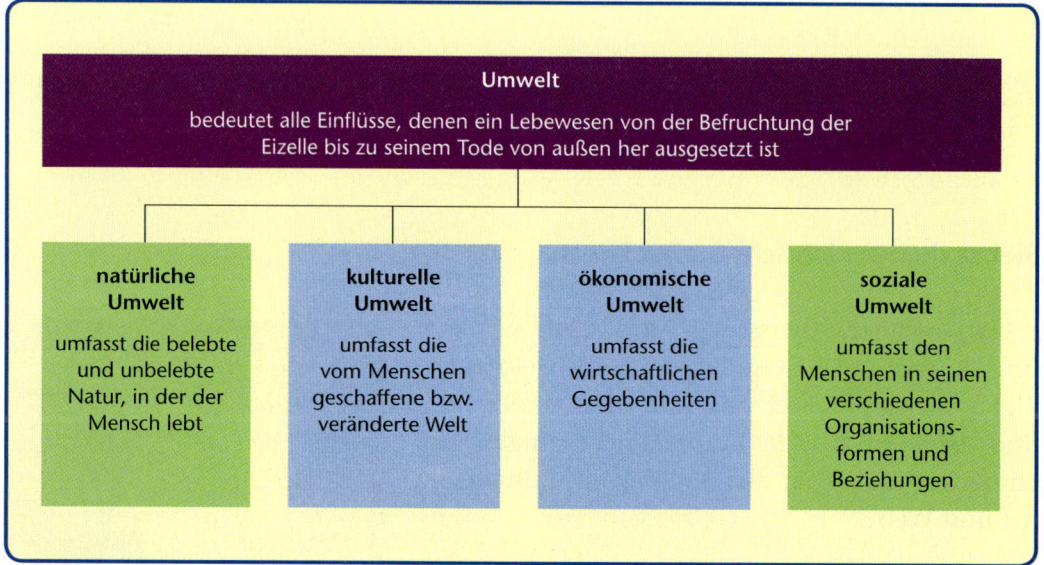

(Nach Hobmaier (Hrsg.)/Althenthan/Dirrigl/Gotthardt/Hobmaier/Höhlein/Ott/Pöl/Schneider, 2008, S. 57)

Auch wenn die Aussage zutrifft, dass Beobachtung immer eine Basistätigkeit der Erzieherin ist, egal, welche Altersgruppe sie betreut, so gilt es doch, einige Besonderheiten bei der Beobachtung der unter Dreijährigen zu beachten (vgl. Völkel, Fühlen, bewegen, sprechen und lernen – Meilensteine der Entwicklung bei Kleinstkindern, 2009).

Es klingt zu Beginn dieses Kapitels bereits an: Verhalten und dessen Beobachtung sind eng verbunden mit dem individuellen Entwicklungsstand des Kindes, das ich betrachte. Das Tempo der Veränderungen im Verhalten, Denken und Fühlen ist höher, je kleiner die Kinder sind. Eine Ursache dafür ist, dass wir auf eine andere Art und Weise und dabei auch langsamer lernen, je älter wir sind. Jeder, der im fortgeschrittenen Alter eine Fremdsprache erlernt hat, kann dies sicherlich bestätigen.

Darüber hinaus befinden sich die Kinder in einer Entwicklungsphase, in der Bindungen eine außerordentlich wichtige Rolle spielen. Dies gilt es, als Erzieherin oder Erzieher in besonderer Weise zu berücksichtigen, indem man sich seiner Bedeutung und Verantwortung als Bindungsperson im Entwicklungsprozess bewusst ist. Man kann diese Tatsache nutzen, z. B. durch die Schaffung spezifischer Beobachtungssituationen.

Ganz praktisch heißt das, Sie möchten z. B. die feinmotorischen Fähigkeiten eines Kindes (sehr schüchtern, mit intensiver Bindung an die Erzieherin) beobachten und wählen die Kuschelecke des Gruppenraumes, regen in einer sehr innigen Betreuungssituation Fingerspiele an. Aufgrund Ihrer intensiven Beziehung zum Kind ist es Ihnen möglich, das geplante Verhalten zu beobachten und mit den gewonnenen Informationen weiterzuarbeiten. Bestände keine derartige Bindung zum Kind, hätte es sich vielleicht von dem Spielangebot nicht zum Mitmachen anregen lassen.

Aber nicht nur diesen Aspekt gilt es zu berücksichtigen. Je jünger das Kind ist, umso wichtiger ist auch die Einbettung des Entwicklungsprozesses in eine ganzheitliche Erfahrung. Das bedeutet, da Kinder in den ersten Lebensjahren durch die Kombination von sachlicher und emotionaler Erfahrung der Umwelt lernen, ist auch eine ganzheitliche Wahrnehmung und Begleitung dieses Prozesses durch die Erzieherin oder den Erzieher notwendig. Besonders deutlich wird die Notwendigkeit der Berücksichtigung aller Ausdrucksmöglichkeiten, wenn man an die vorsprachliche Phase denkt. Hier ist ein Gespräch mit dem Kind noch nicht möglich, die Erzieherin/der Erzieher profitiert in besonderem Maße von den Ergebnissen der Beobachtungen, wie im folgenden Beispiel dargestellt:

Beispiel

Die Erzieherin beobachtet Kevin (1;0) schon seit einigen Wochen. Sie stellt fest, dass der Junge im Gruppenkontext mit den anderen Kindern gerne an vielen unterschiedlichen Angeboten teilnimmt und sich aktiv ins Geschehen einbringt. In Situationen, in denen Kevin seine Beschäftigung frei wählen kann, entscheidet er sich immer für die Bauecke im Gruppenraum und baut dort konzentriert über eine lange Zeit. Die Erzieherin plant daraufhin weitere Angebote in diesem Bereich, um Kevins aktuelles Interesse zu unterstützen und ihm weitere Anregung zu bieten. Dabei aktualisiert sie ihre Erfahrung durch weitere Beobachtungen.

Bei Kindern in der vorsprachlichen Phase ist es besonders wichtig, ihr Verhalten zu beobachten, um Rückschlüsse auf Interessen, Entwicklungsstand u. Ä. zu erhalten.

Zugrunde liegt dem kindlichen Entwicklungsprozess auf der einen Seite ein genetisch bestimmtes Muster, die Entwicklung verläuft in Phasen, die jeweils „Zeitfenster" eröffnen, in denen ein Kind bestimmte Dinge besonders leicht bzw. schnell lernen kann. Dieser grundlegende Prozess der Reifung verläuft bei allen Kindern fast gleich (vgl. Völkel, Fühlen, bewegen, sprechen und lernen – Meilensteine der Entwicklung bei Kleinstkindern, 2009).

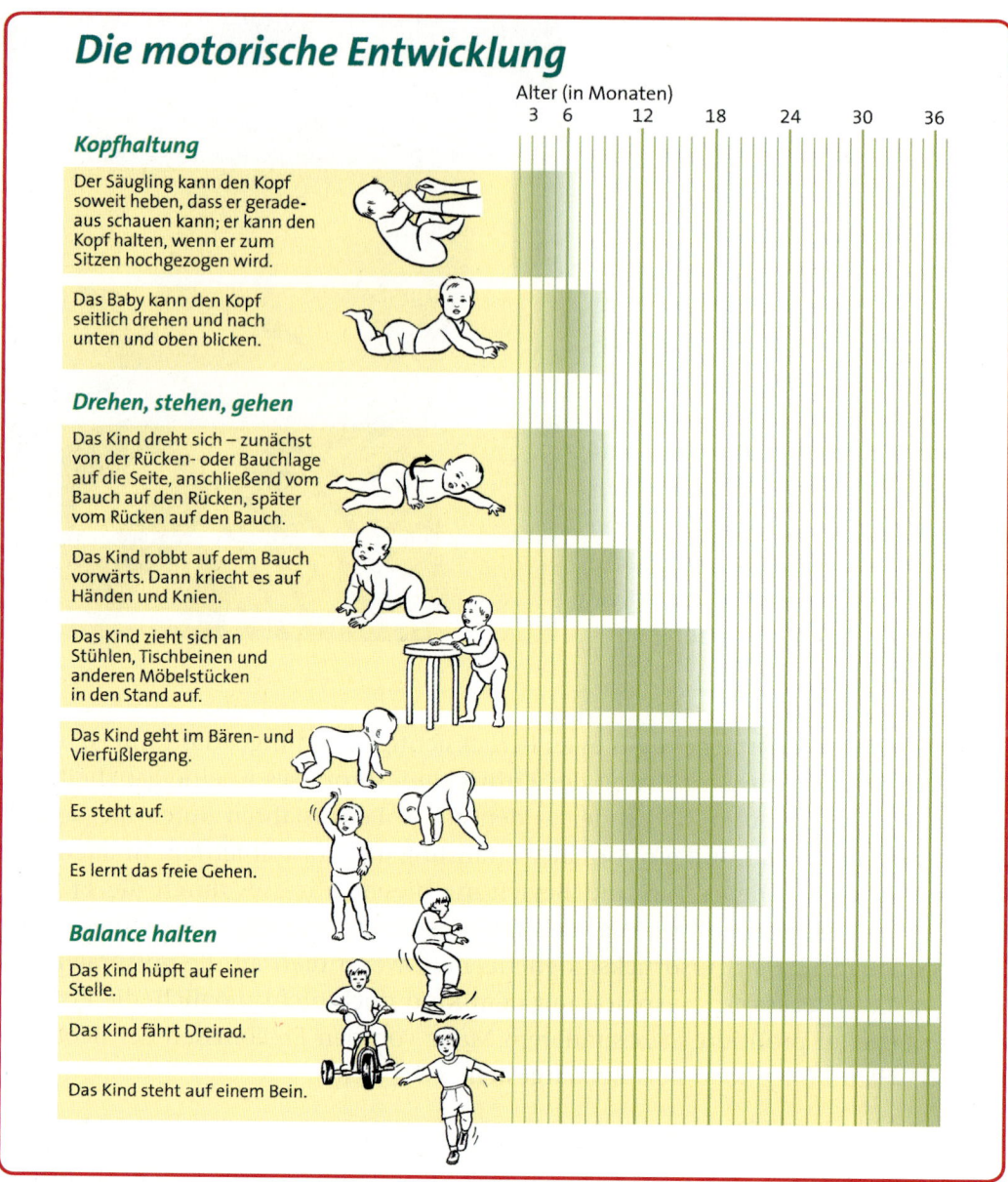

Ergänzend hierzu wirken die individuellen Voraussetzungen des Kindes, d. h., ob es Dinge schnell erfasst, ob es ungeduldig oder geduldig ist, wie seine Ausdauer, sein Ehrgeiz und viele weitere Faktoren beschaffen sind.

Das Auftreten kindlichen Verhaltens wird darüber hinaus bestimmt durch folgende Faktoren:

■ Möglichkeit des Tuns; Beispiel: Mara hat ausschließlich Schuhe mit Klettverschluss – eine Beobachtung des Schleifebindens ist nicht möglich;

■ persönliche Motivation; Beispiel: Jakob ist ein sehr guter Fußballer bei den Minikickers, aber die Gymnastikbälle in die Kisten zu rollen, findet er „doof" und macht es nicht;

■ grundsätzliche Fähigkeit; Beispiel: Ismael kommt immer zur Erzieherin, wenn ihm die Nase läuft. Naseschnauben kann er noch nicht.

Fördernd wirkt auch eine möglichst große Vielfalt von Umweltfaktoren, die Anregungen bieten und dem Kind ein breites Spektrum an Erfahrungen ermöglichen.

Diese Erfahrungen beziehen sich auf

Bei der Einschätzung des Verhaltens sollte man die individuellen kindlichen Voraussetzungen und unterschiedlichen Umweltfaktoren berücksichtigen.

- materielle Dinge, z. B.:
  - ▶ Wie fühlt sich ein Schneeball an?
  - ▶ Was kann ich mit einem Löffel alles tun?
  - ▶ Wie schmeckt eine Papaya?

- soziale Erlebnisse, z. B.:
  - ▶ Was tut das Mädchen, wenn ich ihr den Ball wegnehme?
  - ▶ Wie reagiert der Erzieher, wenn ich beim Morgenkreis aus dem Raum laufe?
  - ▶ Wie fühlt es sich an, mit meinem Freund einen Turm zu bauen?

Eingesetzt werden immer alle Sinne, um möglichst viele Eindrücke wahrnehmen und verarbeiten zu können. Das bedeutet, die Wahrnehmungen in ein eigenes Erfahrungsschema zu bringen oder mit bereits vorhandenen Schemata abzugleichen und ggf. Veränderungen im eigenen Bild von der Welt vorzunehmen (vgl. Völkel, Fühlen, bewegen, sprechen und lernen – Meilensteine der Entwicklung bei Kleinstkindern, 2009).

Wenn die Entwicklungsprozesse im frühkindlichen Alter nun von einer Ganzheitlichkeit geprägt sind, die im späteren Entwicklungsverlauf nicht zuletzt durch die Betonung kognitiver Lernprozesse in der Schule an Bedeutung verliert, so ist es einsichtig, dass die Beobachtung dieser Lernschritte und -strategien der Kinder nur gelingen kann, wenn man sich als Beobachter/-in auf die Nutzung aller Sinne einlässt.

Ganz praktisch bedeutet dies, dass die Erzieherin/der Erzieher v. a. in der Beschreibung der Rahmenbedingungen, aber auch des beobachteten Verhaltens möglichst viele Sinneseindrücke aufnimmt und dokumentiert.

Ganzheitlichkeit ist auch in der Beobachtung wichtig!

Demnach muss auch die Art der Dokumentation eine ganzheitlich geleitete Aufzeichnung ermöglichen. Diesem Anspruch werden z. B. Portfoliomodelle gerecht (vgl. Kapitel 3.6 „Dokumentationsverfahren").

Die Grundhaltung der Erzieherin/des Erziehers ist hierbei immer kompetenzorientiert, um eine individuelle Betreuung und Förderung des Kindes zu ermöglichen. Nur an den Stärken ansetzende pädagogische Begleitung und Anleitung kann das Kind erreichen und motivieren. Es geht nicht darum, Defizite zu finden, sondern den Entwicklungsstand, sprich die Fähigkeiten, die das Kind bereits zeigt, zu erkennen und mit geeigneten Maßnahmen weitere Entwicklungsschritte anzuregen (vgl. S. 16, Abb. zu Entwicklungsphasen).

Ganzheitliche Beobachtungen ziehen eine große Informationsmenge nach sich, wenn man den Ansatz, „mit allen Sinnen wahrzunehmen", umsetzt. Diese Informationen gilt es zu ordnen. Hier kann deutlich werden, dass zwar vieles erfasst, aber auch in der Auswertung wichtig erscheinende Aspekte nicht wahrgenommen bzw. nicht dokumentiert wurden.

Ein Beispiel soll dies verdeutlichen:
In Zeitschriften werden oft in der „Rätselecke" Zeichnungen präsentiert, bei denen sich die zweite von der ersten in z.B. zehn Änderungen (Fehlern) unterscheidet. Ihre Aufgabe als Leser/-in ist es nun, diese Unterschiede zu erkennen.

Finden Sie die zehn Fehler.

Im Prinzip lässt sich dieses Vergleichen von Bildern gut in den Bereich der Beobachtung im pädagogischen Kontext übertragen. Sie haben jeweils ein (zugegebenermaßen „bewegtes" und komplexeres) Bild von einem Kind oder einer Kindergruppe zu unterschiedlichen Zeiten und sollen nun erkennen und beschreiben, was sich vom ersten zum zweiten Bild verändert hat.

Achten Sie auf die Einzelheiten!

Betrachten Sie nur das große Ganze, wird es Ihnen schwerfallen, Einzelheiten zu entdecken, und vielleicht werden Sie wichtige kleine Dinge, die sich verändert haben, nicht wahrnehmen. Ähnlich dem Vergleich der Zeichnungen in der Zeitschrift werden Sie bei der Beobachtung in der Kindergruppe nach kurzer Betrachtung des Gesamtbildes beginnen, Einzelaspekte miteinander zu vergleichen, um auch den kleinen Veränderungen auf diese Weise „auf die Spur zu kommen".

Aus diesem Grund kann die Fokussierung der Beobachterin/des Beobachters auf ein bestimmtes Thema oder einzelne Aspekte sinnvoll und richtig sein, um möglichst viele kleine Veränderungen, also Entwicklungen, wahrzunehmen und diese dann zu dokumentieren (vgl. Kapitel 3.2 „Gründe und Ziele").

In einem weiteren Schritt können die Beschreibungen ausgewertet und in einen Gesamtzusammenhang eingeordnet werden, um damit auch eine „passgenaue" Betreuung und Anregung für das Kind in seiner individuellen Lernsituation entwickeln zu können (vgl. Kapitel 5 „Auswertung von Beobachtungsergebnissen und Konsequenzen für das konkrete pädagogische Handeln").

Beobachtungs-erkenntnisse sind für die pädagogische Arbeit auf vielen Ebenen nutzbar.

Beobachtung ist als Aufgabe der Erzieherinnen und Erzieher kein Selbstzweck. Eine genaue Planung und vor allem die Formulierung eines Beobachtungszieles sind wichtig, um dem Ganzen einen Sinn zu geben. Zunächst geht es immer um die individuelle Begleitung des Kindes auf seinem Entwicklungsweg, dazu müssen die Themen, Veränderungen und Entwicklungen im Einzelnen erfasst werden.

Doch eine Erhebung dieser Veränderungen macht nur Sinn, wenn ich diese auch in konkrete pädagogische Arbeit umsetze. Dies kann sich in verschiedenen Tätigkeitsfeldern der Erzieherin/des Erziehers auswirken, denn nur dann, wenn ich weiß, wo das Kind steht, ist es mir möglich, Angebote zu machen, die der jeweils aktuellen Interessenlage und dem gegenwärtigen Entwicklungsstand der Kinder entsprechen. Ich erhalte darüber hinaus z. B. auch wichtige Hinweise für die Raumgestaltung und -ausstattung.

Aber auch eine weitere Ebene ist zu berücksichtigen. Indem ich mich beobachtend mit kindlichen Lernwegen beschäftige, ist es mir möglich, diese besser zu verstehen und eigene Erklärungsmuster kindlichen Verhaltens und Lernens zu überprüfen und zu erweitern oder zu verändern. Das Bild vom einzelnen Kind und der Gruppe wird realistischer, da ich mir die Zeit nehme, genauer hinzuschauen.

Auch die Erzieher(in)-Kind-Beziehung kann sich intensivieren, da Kinder die Beobachtung und Dokumentation ihres Verhaltens häufig als Wertschätzung ihrer Handlungen und Person erleben und ausdrücken. Dahinter steht das Gefühl: „Ich und mein Tun sind so wichtig und wertvoll, dass die Erzieherin sie beachtet und aufschreibt."

Darüber hinaus ist es möglich, durch Beobachtung die Erfolge des eigenen pädagogischen Handelns (oder die der Kolleginnen und Kollegen) mit den Kindern zu erkennen.

Dokumentierte Beobachtungsergebnisse bieten die Grundlage, die eigene pädagogische Arbeit gegenüber Dritten zu verdeutlichen und z. B. in der Zusammenarbeit mit Eltern, Kolleginnen und Kollegen, Leitung oder Kostenträgern zu rechtfertigen.

Eine zunehmend wichtige Rolle spielen Entwicklungs- und Bildungsdokumentationen, die die Übergänge des Kindes in weiterführende Betreuungs- und Bildungseinrichtungen verbessern sollen, damit sich die „neuen" Pädagoginnen und Pädagogen ein genaueres Bild vom Kind machen können. Grundlage hierfür bieten auch Bildungspläne, die über das Krippen- bzw. Kitaalter hinaus die Grundschulzeit berücksichtigen (vgl. Kapitel 5.2 „Übergänge zur Kita und Schule").

Pädagogische Prozesse verlaufen in drei Schritten:
Zunächst wird eine Situation, ein Verhalten, wahrgenommen bzw. beobachtet. Danach folgt die Bewertung des Erfassten. Diese Auswertung und Interpretation des Beobachteten mündet wiederum in konkretes pädagogisches Handeln. Womit sich der Kreislauf schließt, da der Verlauf und die Ergebnisse dieses Tuns durch Beobachtung zu erfassen sind.

Der Schritt der Auswertung von Beobachtungsergebnissen muss auf der Grundlage aller relevanten Aspekte erfolgen, damit die pädagogischen Konsequenzen dem ganzheitlich geleiteten Tun des Kindes auch wirklich gerecht werden.

Wichtig ist neben dem Bild vom Kind als kompetentem Individuum die fachliche Kompetenz der Erzieherin/des Erziehers, die oder der sich im Wissen um Grundlagen (vgl. Völkel, Fühlen, bewegen, sprechen und lernen – Meilensteine der Entwicklung bei Kleinstkindern, 2009), z. B. aus der Entwicklungspsychologie, Pädago-

Die eigenen Erkenntnisse müssen immer in einen Gesamtzusammenhang gestellt werden.

gik und Soziologie, aber auch in der Fähigkeit zur Umsetzung der theoretischen Grundlagen in konkretes Handeln äußert.

So haben Beobachtungsergebnisse Einfluss auf das Verhalten der Erzieherin/des Erziehers und auf den Umgang mit den Kindern. Sie stellen ein Schlüsselelement jedes Qualitätssicherungs- bzw. -entwicklungsprozesses dar und sind daher auch Bestandteil vieler Qualitätsmanagementsysteme.

2.3   Ansätze und Instrumente

Ganz ohne Technik geht's nicht – oder doch?

Nach der Planung, Durchführung und Dokumentation der Beobachtungen ist es wichtig, diese auszuwerten.

In der Beobachtung von Kindern sollten sowohl normative als auch beschreibende Aspekte Berücksichtigung finden.

Hierbei lassen sich zwei grundsätzliche Ansätze unterscheiden, die jedoch in der Praxis nebeneinanderstehen sollten: Es kann bei der Auswertung von Beobachtungen nicht darum gehen, sich einem Prinzip dogmatisch zu verschreiben, sondern in einem Beobachtungssystem sollten beide Sichtweisen ihren Raum haben.

Auf diesem Hintergrund sind auch die folgenden Ausführungen zu verstehen:

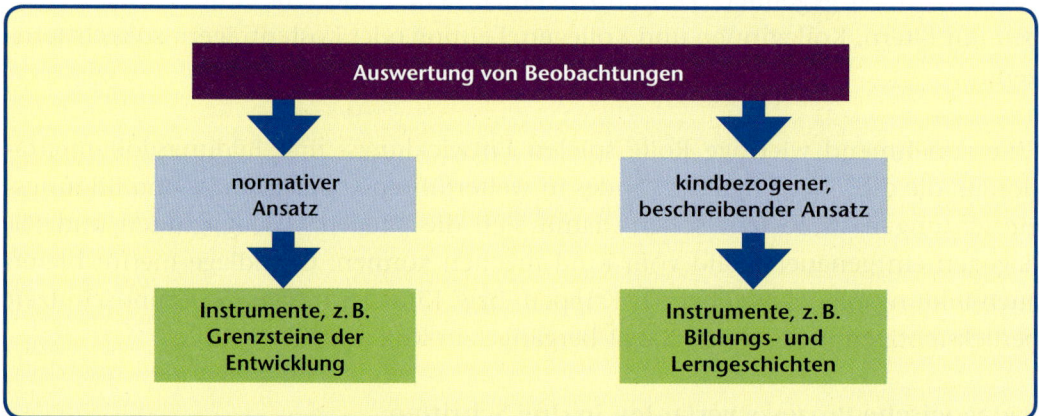

- ■ **Normative Auswertung**

Bei der normativen Auswertung wird die Beobachtung des individuellen Entwicklungsstandes des Kindes mit der durchschnittlichen Altersnorm abgeglichen.

Dem Vergleichsvorgang liegen also in der Regel gültige Entwicklungsverläufe („Durchschnittsnormen") zugrunde. Mit deren Hilfe wird das individuelle kindliche Verhalten eingeordnet (systematisiert).

Das bedeutet: Das Kind wird mit der Mehrzahl der anderen Kinder verglichen.

Zum Beispiel weisen die Grenzsteine der Entwicklung aus, welches Verhalten 90–95 % der Kinder zu diesem Zeitpunkt gezeigt haben.

■ Kindbezogene Auswertung

Dieser Ansatz geht von einem ganz persönlichen Entwicklungsverlauf des Kindes aus. Auch die Entwicklungsgeschwindigkeit wird als individuelle Größe erkannt. Ein Vergleich von Stärken und Schwächen (Entwicklungspotenzialen) findet nur mit dem eigenen Durchschnitt der bisher erkannten individuellen Entwicklung des Kindes statt. Dabei wird Verhalten vor allem beschrieben und nicht in vorgedachte Entwicklungsphasen eingeordnet.

Das bedeutet: Das Kind wird mit sich selbst verglichen.

Deutlich werden an dieser Stelle die Verbindungen der Auswertungsansätze zu den im Kapitel 3.4 ausgeführten Beobachtungsformen und zu den im Kapitel 3.6 beschriebenen Dokumentationsmöglichkeiten.

Legt man Wert auf den normativen Abgleich von Entwicklungen, ist dies durch eine strukturierte Art der Beobachtung und durch die standardisierte Dokumentation in nachvollziehbarer und einheitlicher Form zu leisten. Diese kann jedoch durchaus auch die Individualität des Kindes im Fokus haben.

Liegen bereits Hinweise auf eine Entwicklungsverzögerung vor, kann es sinnvoll sein, die altersspezifischen Referenznormen im Blick zu behalten, um den richtigen Zeitpunkt für eine Beratung der Eltern und eine gezielte Förderung (ggf. durch andere Fachleute) nicht zu verpassen.

Manchmal bedarf es jedoch offener Beobachtungs- und Dokumentationsformen. Diese ermöglichen auch die nicht vorstrukturierte, anekdotische Beschreibung kindlichen Verhaltens.

Bei einem bisher unauffälligen Entwicklungsverlauf wird man dem Kind mit einer offenen, wahrnehmenden Beobachtung und Auswertung besser gerecht. Es besteht auch kein Anlass, hier nach Entwicklungsrückständen zu „fahnden", da grundsätzlich eine kompetenzorientierte Sichtweise des kindlichen Verhaltens eingenommen werden sollte.

Der eigentliche Prozess der Auswertung kann sehr unterschiedlich verlaufen. Wichtig für die Entscheidung bezüglich des Verfahrens sind das Gespräch im Team und ein Austausch mit den Eltern bezüglich der Erwartungen an die pädagogische Arbeit in der Einrichtung.

Gerade Eltern haben häufig die Angst, dass Entwicklungsrückstände ihres Kindes von den Erzieherinnen und Erziehern nicht rechtzeitig erkannt werden, dass kleine Kinder im Gruppenkontext untergehen oder der Übergang zur Schule später nicht angemessen vorbereitet wird. Hilfreich ist hier ein klärendes Gespräch mit den Eltern über die verschiedenen Ansätze und die Versicherung, dass Erzieher/-innen im Falle eines Verdachtes auf Entwicklungsverzögerungen beim Kind sofort das Gespräch suchen. Auf diese Weise entsteht eine vertrauensvolle Basis zwischen Eltern und Erzieherinnen und Erziehern, von der das Kind profitiert.
Beide Möglichkeiten haben Vor- und Nachteile. Im besten Falle sollten sie gleichberechtigt im Interesse des Kindes genutzt werden.

Im Mittelpunkt muss immer das Kind stehen!

3 Beobachtung und Dokumentation

3   Beobachtung und Dokumentation

3.1   Das Bild vom Kind

Offene Fragen

- Warum ist mein persönliches Bild vom Kind so wichtig?
- Wie beeinflusst mein Bild vom Kind meine Wahrnehmung bzw. die Deutung des Gesehenen?
- _____
- _____
- _____

„Man sieht nur mit dem Herzen gut" – Grundlagen einer wahrnehmenden Beobachtung

Jedes Kind hat seinen eigenen Zugang zur Welt und ihren Phänomenen. Das bedeutet auch, kein Verhalten, das Sie beobachten, ist wirklich deckungsgleich mit einem anderen. Die Vielfalt menschlichen Seins wird schon im Tun der Allerkleinsten deutlich.

Gewohnte und (oftmals auch) gelernte Raster von Lernwegen und Entwicklungsnormen beiseite zu legen ist nicht einfach.

Als Anforderung an eine Erzieherin/einen Erzieher heißt das, dass sie/er sich auf die Individualität der Kinder einlässt. Gewohnte und (oftmals auch) gelernte Raster von Lernwegen und Entwicklungsnormen beiseitezulegen ist nicht einfach. Der „alltägliche Wahnsinn" in den Gruppen der Kindertagesbetreuung macht es auch nicht leichter.

Sind Beobachtung und wirkliches Einlassen auf das einzelne Kind also auch nur wieder Anforderungen, denen die Erzieherin/der Erzieher wie einem „Berg" gegenübersteht?

Sich von eigenen Erwartungen an kindliches Handeln zu befreien und neugierig auf das Tun des Kindes zu schauen, um Unerwartetes, Neues oder Bekanntes zu entdecken, ist nicht einfach, aber wichtig.

Es kann überaus befreiend sein, diese Offenheit gegenüber dem Kind zu praktizieren und sich aus vorgedachten Mustern von erfolgreichem oder erfolglosem, normgerechtem oder defizitärem Verhalten zu entfernen.

Erinnern Sie sich, wie oft Sie gerade im Handeln von unter Dreijährigen Überraschendes entdeckt haben?

Bleiben Sie neugierig auf das Verhalten des Kindes!

Es ist faszinierend, wie kreativ Kinder sind, indem sie weit über die vorgegebenen Muster eines standardisierten Beobachtungsbogens hinaus eigene Lernwege beschreiten und ihre individuelle Entwicklung gestalten.

Das Erkennen, die Beobachtung und die Dokumentation dieser so speziellen Bildungswege erweitern das Verstehensspektrum des erwachsenen Beobachters.

Auswertungsprozesse werden bereichert, wenn man außer auf den erwachsenen Blick auch auf die Ideen und Gedanken der Kinder zurückgreifen kann (vgl. Kapitel 4.3 „Elternkooperation und rechtliche Aspekte" und 4.4 „Einbeziehung der Kinder[-Gruppe]").

Viele Prozesse verlangen zugegebenermaßen eine gewisse sprachliche Basiskompetenz beim Kind, damit ein Austausch möglich wird. Diesen Aspekt gilt es in der konkreten Umsetzung mit der Altersgruppe der unter Dreijährigen zu berücksichtigen.

Schnell wird auch klar, dass kreatives Verhalten/Handeln mit den herkömmlichen, vorgefertigten Beobachtungsbögen kaum abzubilden ist.

Hier braucht es der Individualität angemessene Dokumentationsformen, die Offenheit in den Beobachtungen zulassen (damit Wichtiges nicht verloren geht) und kindliche Einzigartigkeit auch wirklich deutlich werden lassen (vgl. Anhang: offener Beobachtungsbogen, Portfoliobögen).

Nutzen Sie Ihre Kreativität, um der Individualität des Kindes gerecht zu werden.

Außer den (grob) gerasterten Beobachtungsbögen mit viel Platz für anekdotische Situations-, Verhaltens- und Handlungsbeschreibung tun es oft schon der leere Zettel und ein Kugelschreiber. Wie meistens kommt es auch bei der Wahl der Dokumentation darauf an, welches Ziel Sie mit der Beobachtung verfolgen.

Impulse zum Weiterdenken im Team

Klären Sie im Mitarbeiterteam, welche pädagogischen Leitbilder jeder Einzelne in seiner Arbeit hat.

Vergleichen Sie die Ergebnisse mit dem Bild vom Kind, das in Ihrer Einrichtungskonzeption zum Ausdruck kommt.

Überlegen Sie gemeinsam, wo sich das „offizielle" pädagogische Profil der Einrichtung mit den pädagogischen Grundsätzen der Mitarbeiter/-innen deckt und wo Unterschiede erkennbar werden.

Nutzen Sie ggf. weitere Meinungen, indem Sie z. B. die Eltern, Kinder oder Trägervertreter/-innen hierzu befragen.

Entscheiden Sie sich bewusst, in der Einrichtung nach einem festgelegten und dokumentierten Leitbild zu arbeiten, und planen Sie, welche weiteren Maßnahmen sich ableiten lassen.

3.2   Gründe und Ziele

3.2.1   Anlässe erkennen

Offene Fragen

- Welche grundsätzlichen Begründungen gibt es für die systematische Beobachtung in der Kindertagesbetreuung?

- Unterscheiden sich darüber hinaus situative Anlässe in der Arbeit mit unter Dreijährigen von denen bei anderen Altersgruppen?

- Welche Gründe gab es schon immer? Welche sind in den letzten Jahren hinzugekommen?

- _____

- _____

- _____

Gar nicht gucken geht gar nicht!

Beobachtung als Teil der professionellen Arbeit

Grundsätzlich ist Beobachtung eine Aufgabe der Erzieherin und des Erziehers im Umgang mit jedem Kind. Beobachtung sollte systematisch, auch ohne einen speziellen von außen gegebenen Anlass erfolgen, da sie Teil der professionellen Arbeit ist.

Die Notwendigkeit eines Anlasses zur Beobachtung eines Kindes lässt sich aus der beruflichen Praxis der frühkindlichen Tagesbetreuung ableiten.

Denken Sie nur an die zu Beginn des zweiten Kapitels vorgestellten Situationen aus der täglichen Arbeit.

Anlass zur Beobachtung ist bereits die berufliche Aufgabe der Erzieherin. In der Erziehung, Bildung und Betreuung von Kindern ist die Fähigkeit zur Wahrnehmung und Beobachtung eine Schlüsselkompetenz, aus der alle anderen Tätigkeiten abgeleitet werden können.

Sozialgesetzbuch (SGB) VIII (KJHG)

Dritter Abschnitt

Förderung von Kindern in Tageseinrichtungen und in Kindertagespflege

§ 22 Grundsätze der Förderung

(2) Tageseinrichtungen für Kinder und Kindertagespflege sollen
1. die Entwicklung des Kindes zu einer eigenverantwortlichen und gemeinschaftsfähigen Persönlichkeit fördern,
2. die Erziehung und Bildung in der Familie unterstützen und ergänzen,
3. den Eltern dabei helfen, Erwerbstätigkeit und Kindererziehung besser miteinander vereinbaren zu können.

(3) Der Förderungsauftrag umfasst Erziehung, Bildung und Betreuung des Kindes und bezieht sich auf die soziale, emotionale, körperliche und geistige Entwicklung des Kindes. Er schließt die Vermittlung orientierender Werte und Regeln ein. **Die Förderung soll sich am Alter und Entwicklungsstand, den sprachlichen und sonstigen Fähigkeiten, der Lebenssituation sowie den Interessen und Bedürfnissen des einzelnen Kindes orientieren** und seine ethnische Herkunft berücksichtigen.

Anlässe oder die Notwendigkeit, einen gezielten Beobachtungsprozess zu starten, können begründet liegen

- im beruflichen Kontext: z. B. Entwicklungsbericht für Integrationskind, Vorbereitung eines Elterngesprächs, Wechsel eines Kindes in eine andere Gruppe bzw. Einrichtung;

- im Zusammenhang mit der individuellen Lage des Kindes: z. B. Entwicklungsdefizit, forderndes Verhalten, auffälliges Sozialverhalten.

Will man ein Kind wirklich kennenlernen, so braucht es die unvoreingenommene, neugierige und einfühlsame Betrachtung. Nur auf diese Weise können Sie eine Idee der Persönlichkeit des Kindes erhalten. Basierend auf dem Anlass entwickeln Sie das Ziel der Beobachtung.

Eine unvoreingenommene, neugierige und einfühlsame Betrachtung ist wichtig!

Anregungen für die praktische Umsetzung

Sensibilisieren Sie sich für Beobachtungsanlässe, indem Sie sich im Team über typische Situationen austauschen, die Beobachtungen nach sich ziehen könnten.

3.2.2   Ziele formulieren

Offene Fragen

- Welche unterschiedlichen Zielsetzungen kann es geben?

- Was für Ziele habe ich in der alltäglichen Arbeit in unterschiedlichen Situationen mit den Kindern?

- Gibt es spezifische Zielsetzungen für die Betreuung von Kindern unter drei Jahren?

- _____

- _____

- _____

Wenn ich nicht weiß, wohin ich will, kann ich zwar loslaufen, aber nicht sagen, ob ich angekommen bin.

Wie immer in erzieherischen Prozessen ist es auch bei der Beobachtung wichtig, sich seines Zieles bewusst zu sein.

Zielsetzungen für Beobachtungen gibt es viele. Ziele für Beobachtungen können hierbei aus den folgenden Bereichen kommen.

- **Interesse am Kind sowie Wertschätzung des Kindes (vgl. Beobachtungsformen teilnehmend, Lerntagebücher, Reaktionen der Kinder)**

Diese Zielsetzung entspringt einem zugewandten Interesse der Erzieherin/des Erziehers am Kind und an dessen Einzigartigkeit. Dass der Beobachter seine Aufmerksamkeit auf das Kind richtet, drückt eine Wertschätzung und personale Aufwertung aus.

Es eröffnen sich Möglichkeiten, sich dem Kind zu nähern und es besser zu verstehen. Ob ein solches Ziel erreicht wird, hängt von vielen Faktoren ab.

Mögliche Fragestellungen:

- Was macht das Kind gerne? Welches sind seine zurzeit bevorzugten Spiele?

- Wie reagiert das Kind in Gesellschaft mit anderen Kindern/mit Erwachsenen?

- Spielt das Kind gerne alleine oder lieber mit anderen?

- Geht das Kind gerne in den Garten oder spielt es lieber im Gruppenraum?

- Kann ich ein bestimmtes Verhalten beim Kind häufig oder selten beobachten?

- Welche individuellen Lernwege hat das Kind?

- Wie erschließt es sich die Welt? Welche Sinnesorgane bevorzugt es?

- Was sind die aktuellen kindlichen Themen?

■ Erkennen von Anregungs- und Unterstützungsbedarf

Spezifischer ist hier die Beobachtung zum Erkennen von kindlichem Unterstützungsbedarf. Die Erzieherin/der Erzieher betrachtet das kindliche Verhalten, nimmt Anteil am Erleben und leitet dann auf der Grundlage ihrer/seiner Fachkenntnisse persönlichkeits- bzw. entwicklungsstärkende Maßnahmen ab. Besonders wichtig ist das Erkennen von Unterstützungsbedarf, z. B. bei Kindern mit Beeinträchtigungen. Jedoch geht es nicht nur um Förderung und Anregung, sondern situativ gerade auch um die Vermittlung eines Gefühls der Geborgenheit und des konkreten Schutzes sowie Trostes, also um einen originären Aspekt der Erzieher(innen)tätigkeit gerade in der Arbeit mit kleinen Kindern.

Die Vermittlung eines Gefühls der Geborgenheit und Sicherheit ist gerade in der Arbeit mit unter Dreijährigen unverzichtbar.

Mögliche Fragestellungen:

- Was kann das Kind besonders gut und wo benötigt es Unterstützung?

- Welche Tätigkeiten vermeidet das Kind und aus welchem Grund?

- Wo ergeben sich Ansätze für unterstützende Maßnahmen?

- In welchen Situationen braucht das Kind Trost oder Schutz durch einen anderen Menschen?

■ Erkennen der individuellen Rahmenbedingungen und des kindlichen Entwicklungsstandes

Im Zusammenhang mit der aktuellen Diskussion zum Thema „Krippenbetreuung als Kompensationsfaktor von Bildungsferne in Herkunftsfamilien" ist diese Zielsetzung eine höchst wichtige. Kindliches Verhalten lässt sich nur verstehen auf der Grundlage der jeweiligen Hintergründe und Erfahrungen, die das Kind in verschiedenen Kontexten mit unterschiedlichen Menschen gemacht hat.

Um das Kind „da abzuholen, wo es steht", brauchen Sie als Erzieher/-in Informationen dazu, wo das Kind herkommt und sich eben gerade jetzt befindet. Sonst ist eine echte Begegnung zwischen Ihnen nicht möglich.

Das Kind „da abholen, wo es steht"

Quellen für Informationen können hier außer Gesprächen mit den Eltern oder anderen Bezugspersonen auch Beobachtungen des Kindes in verschiedenen Situationen sein.

Mögliche Fragestellungen:

- Welche Aspekte wirken auf das Kind ein?

- Kommen Familienmitglieder im kindlichen Spiel vor und wie werden diese dargestellt?

- Welchen Umgang zwischen den Eltern und ihrem Kind kann ich z. B. in der Bringe- oder Abholsituation wahrnehmen?

- Wo ergeben sich Hinweise auf Entwicklungsverzögerungen beim Kind, die in der Betreuungsarbeit zu berücksichtigen sind?

- **Gruppenstrukturen und Rollen des Kindes erkennen (auch Konflikte)**

Kindliches Erleben im Krippenalltag findet vorwiegend im Gruppenkontext statt.

Diese Kategorie der Zielsetzung steht in einem engen inhaltlichen Zusammenhang mit dem letzten Punkt. Hier geht es speziell um die soziale Kompetenz und das kindliche Sozialverhalten, z. B. innerhalb der Kindergruppe.

Mögliche Fragestellungen:

- Wie gestaltete sich die Eingewöhnungszeit, vor allem in die Kindergruppe?

- Spielt das Kind mit anderen Kindern (variieren die Spielpartner) oder spielt es meistens alleine?

- Welche Rolle nimmt es im gemeinsamen Spiel mit anderen ein?

- Wie reagiert es bei Konflikten?

- Ist das Kind in die Gruppe integriert oder ist ein Ausschluss beim Spiel zu beobachten?

- Welche Gruppenstrukturen sind erkennbar?

Anregungen für die praktische Umsetzung

Überlegen Sie, welche Ziele für Beobachtungen sich direkt aus der Konzeption Ihrer Einrichtung ableiten lassen.

Tauschen Sie sich im Team darüber aus, ob Sie zu diesen Zielen tatsächlich bisher Beobachtungen durchgeführt haben.

Sammeln Sie Fragestellungen, die für Ihre Tätigkeit besonders interessant erscheinen. Prüfen Sie hierzu auch die aufgeführten Fragenvorschläge auf Nutzbarkeit.

3.3　Beobachtungsthemen

Offene Fragen

- Wozu ist ein Beobachtungsthema nötig?

- Welche Beobachtungsthemen fallen mir sofort ein aus meiner Praxiserfahrung? Welche sind gerade besonders „in"?

- Welche Rolle spielen Entwicklungsdokumentation und Bildungspläne bei der Themenfindung?

- _____

- _____

- _____

Themen liegen auf der Straße –, aber auch in der Krippe

Eine Kernfrage in diesem Kapitel stellt sich sofort: „Brauche ich überhaupt ein Thema, um zu beobachten?"

Natürlich kann es in bestimmten Zusammenhängen sinnvoll und wichtig sein, kein spezielles Beobachtungsthema zu formulieren. So verfolgen Sie das Verhalten eines Kindes in der Eingewöhnungsphase sicherlich zunächst, ohne sich auf einen Aspekt zu fokussieren. In dieser Situation ist es wichtig, erst einmal „ein Gefühl" für das Kind zu bekommen, einen Ansatzpunkt für den Beziehungsaufbau zu erhalten. Eine im Vorhinein auf ein bestimmtes Verhalten eingegrenzte Beobachtung würde Sie in Ihrer Aufmerksamkeit einschränken und wichtige Details oder Informationen über das Kind können Ihnen entgehen.

Aber auch eine Beobachtung ohne besonderes Thema kann auf längere Sicht nicht sinnvoll sein, da die Gefahr besteht, dass sich der Betrachter in „unwichtigen" Details verliert.

Eingrenzung des Beobachtungsblickpunktes hilft zu strukturieren.

Die Fokussierung auf ein bestimmtes Beobachtungsthema setzt demnach zunächst eine offene, detaillierte Betrachtung des Kindes voraus, aus dem sich dann Themen für weitere, gezielte Beobachtungen ergeben.

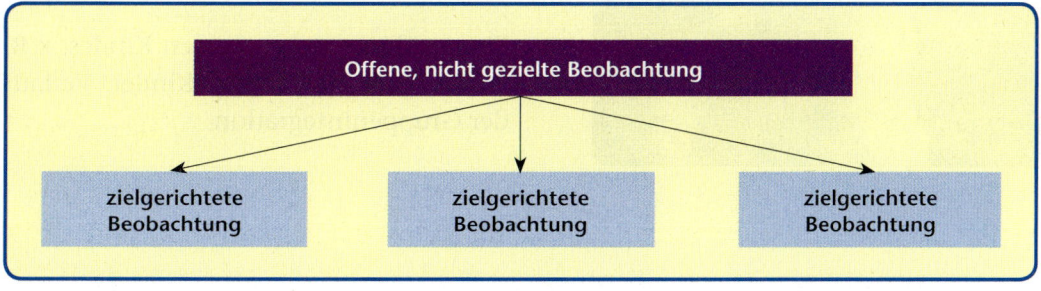

Beobachtungsthemen
gibt es viele – auf
die richtige Auswahl
kommt es an.

Beobachtungsthemen können sich aus der aktuellen Situation des Kindes und aus der Situation in der Gruppe ableiten.

■ Abgeleitet aus der aktuellen Situation des Kindes

Beispiel

Z.B. Interessen, Bildungsthemen der Kinder, bevorzugte Tätigkeiten und Auswahl der Bildungsbereiche, Lernstrategien, Umgang mit neuen Situationen, Engagiertheit, Stärken, fein- und grobmotorische Fähigkeiten, Umgang mit Störungen, Konsumverhalten (Fernsehkonsum usw.), Sprachvermögen, Mimik, Gestik, Körpersprache, körperliche Veränderungen (z.B. Farbe der Haut), soziale Merkmale (z.B. Symbole)

Mögliche Beobachtungsthemen von Kindern im Krippenalter:

- sprachliche Fähigkeiten: Satzbildung und -erweiterung, Wortschatz

- motorische Fähigkeiten, z.B. Krabbeln, Laufen, Knöpfeschließen, Schuheanziehen (vgl. Völkel, Fühlen, bewegen, sprechen und lernen – Meilensteine der Entwicklung bei Kleinstkindern, 2009)

■ Abgeleitet aus der Situation in der Gruppe

Beispiel

Z.B. soziale Kontakte (Art der Kontaktaufnahme zu anderen Kindern und Erwachsenen), Erzieher(in)-Kind-Interaktion, Beitrag des einzelnen Kindes zum Gruppenleben, spezifische Probleme, wie z.B. hohe Aggressivität unter den Kindern, hohe Lautstärke im Gruppenraum

Mögliche Beobachtungsthemen von Kindern im Krippenalter:

- soziales Miteinander, z.B. Gruppenbildung, Gruppenspiel, Kontaktaufnahme zu anderen Kindern, Austausch von Spielsachen

- Eingewöhnung eines neuen Kindes, z.B. Reaktionen der anderen Kinder, Verlauf der Gruppenintegration

Anregungen für die praktische Umsetzung

Tauschen Sie sich im Team über die Unterschiede in der Themenstellung für die Beobachtung von Kindern unter drei Jahren und Kindern im Kindergartenalter aus.

Überlegen Sie, welche Themen für beide Altersgruppen nutzbar bzw. welche für den Bereich der unter Dreijährigen besonders wichtig sind, um die tägliche Arbeit zu verbessern.

Nutzen Sie ergänzend/zur Anregung die im Anhang vorgestellten Beobachtungsbögen.

3.4 Formen der Beobachtung

Offene Fragen

- Welche Beobachtungsarten gibt es? Gibt es allgemeine Vor- und Nachteile?

- Welche Beobachtungsarten bieten sich für welche Zielsetzung bzw. Thematik an?

- Welche Formen der Beobachtung sind besonders praktikabel im pädagogischen Alltag? Mit welchen Schwierigkeiten muss ich eventuell rechnen?

- Wann lohnt sich ein höherer „Aufwand" und wer entscheidet das?

- Gibt es Beobachtungsarten, die in der Betreuung von Kindern unter drei Jahren besonders sinnvoll oder unsinnig sind?

- _____

- _____

- _____

Es lebe die Vielfalt! Für jede Situation die passende Beobachtung

Zunächst kann man feststellen, dass die Einteilung der Beobachtungsarten nicht trennscharf erfolgen kann.

Grundsätzlich kann man offen und verdeckt beobachten.

Bei der offenen Beobachtung weiß der Beobachtete davon, dass er beobachtet wird. Diese Form hat den Vorteil, dass das Kind informiert ist und sich nicht hintergangen fühlen kann. Allerdings kann das Resultat der Beobachtung dadurch verfälscht werden, dass die beobachtete Person sich nicht mehr „echt" verhält und z.B. vermeintlich unerwünschte Verhaltensweisen unterlässt oder auch gewünschtes Verhalten zeigt.

Demgegenüber bedeutet die verdeckte Beobachtung, dass das Kind nichts von der Beobachtung weiß und somit ein unbeeinflusstes Verhalten zeigt. Der Beobachtete kann sich bei späterer Offenlegung jedoch hintergangen fühlen.

Die Vielfalt der Beobachtungsformen ist groß – aber: In der Kindertagesbetreuung sollte grundsätzlich offen beobachtet werden.

In der Kindertagesbetreuung sollte grundsätzlich offen beobachtet werden, da eine Beeinflussung des Kindes gerade im Alter von 0–3 Jahren kaum auftritt. Eine verdeckte Beobachtung ist gerade in diesem Betreuungsfeld nicht mehr zeitgemäß.

Die Beobachtungen lassen sich darüber hinaus in zwei große Gruppen einteilen:

- die unstrukturierte, spontane Beobachtung,
  z. B. Gelegenheitsbeobachtung;

- die strukturierte und geplante Beobachtung,
  z. B. systematische Beobachtung.

In der sozialen Arbeit werden außerdem folgende Beobachtungsarten unterschieden:

Unstrukturierte, spontane Formen	Strukturierte, geplante Formen
teilnehmende Beobachtung	
nicht teilnehmende Beobachtung	
detaillierte Beobachtung	
Gelegenheitsbeobachtung	systematische Beobachtung
	gezielte Beobachtung

3.4.1   Gelegenheitsbeobachtung: gut in den Tagesablauf zu integrieren

Die freie oder zufällige Beobachtung ist die Grundlage der täglichen Arbeit im sozialen Feld. Man hat die Möglichkeit, Hintergrundwissen aufzubauen, Neues und Unerwartetes zu erfahren sowie Entwicklungen, Wünsche, Bedürfnisse zu erkennen, um adäquat reagieren zu können.

Beobachtung als selbstverständliche Tätigkeit im Tagesablauf – ohne diese Form ließe sich pädagogisches Handeln nicht durchführen.

- Im Umgang mit dem Kind überprüft die Erzieherin/der Erzieher fortwährend die Stimmigkeit ihrer/seiner Handlungen.

- Sie oder er nimmt kindliches Verhalten wahr und entdeckt so die aktuelle Interessen- oder Problemlage des einzelnen Kindes und der Gruppe.

- Aus diesem allgemeinen Informationspool schöpft sie oder er bei der Vorbereitung von Handlungsangeboten aus den verschiedenen Bildungsbereichen.

In der Altersgruppe der 0- bis Dreijährigen ist diese Beobachtungsart sinnvoll und aufgrund der Unkompliziertheit (keine vorherige Planung notwendig) auch gut im Alltag einzusetzen. In einer Lebensphase, in der die Kinder sich rasant verändern und ihre Bedürfnisse und Fähigkeiten sich sehr schnell verschieben, bietet die Gelegenheitsbeobachtung mit ihrer Offenheit eine gute und vor allem praktikable

Arbeitsmethode zur adäquaten Begleitung und Angebotsgestaltung für das einzelne Kind und die Kindergruppe.

Leider wird hier oft die Dokumentation der Beobachtungen vergessen. Diese stellt jedoch eine wichtige Grundlage für den Austausch mit den Eltern und Kolleginnen und Kollegen dar. Nicht immer ist ein Gespräch im Team sofort möglich, sodass die Erzieherin/der Erzieher die Beobachtungsergebnisse in der Zwischenzeit leicht falsch oder unvollständig erinnert. Offene Dokumentation, z. B. als Notizzettel zur Ergebnissicherung bei einer Gelegenheitsbeobachtung, ist daher unverzichtbar.

Denken Sie an die Dokumentation – oftmals reichen schon ein Zettel und ein Stift.

Teilnehmende Beobachtung als häufigste und praktikabelste Art im pädagogischen Alltag

Hier ist der Beobachter unmittelbar und direkt in die zu beobachtende pädagogische Interaktion eingebunden. Dadurch kann er Erfolg und Misserfolg des Handelns, sich selbst, die beobachteten Personen und der Beziehung untereinander direkt erleben. Diese Beobachtungsart ist im pädagogischen Alltag oft die praktikabelste, da die Erzieherin/der Erzieher in der Handlung mit den Kindern bleiben kann und somit eine weitere pädagogische Betreuung gewährleistet ist.

Allerdings ist es oft schwierig, in dieser doppelten Anforderung eine ausreichend detaillierte und dem Kind angemessene Beobachtung durchzuführen. Auch die Dokumentation kann sich als Herausforderung erweisen, wenn die Erzieherin/der Erzieher in der Handlung mit dem Kind zusätzlich dessen Verhalten – mindestens in Form von Stichworten – beschreiben soll.

Besonders, wenn der Körperkontakt und die körperliche Zuwendung (Beispiel: Ein Kind sitzt bei einem Memoryspiel auf dem Schoß der Erzieherin) in der Betreuungssituation einen großen Stellenwert einnehmen, wie das in Einrichtungen oder Gruppen mit Kindern im Alter von 0–3 Jahren die Regel und sinnvoll ist, ist es nicht ohne Schwierigkeiten möglich, in teilnehmender Form zu beobachten.

Teilnehmende Beobachtung sollte man üben.

Nicht teilnehmende Beobachtung: Es kommt auf die Rahmenbedingungen an.

Hier wird die Distanz zum Geschehen genutzt. Man hat die Möglichkeit, Beziehungen zwischen den Handlungen der beobachteten Personen zu entdecken, die sonst schwer zu erkennen sind. Ist man nicht in das Geschehen eingebunden, fehlen zwar die subjektiven Eindrücke, aber man kann gezielter unter bestimmten Aspekten beobachten, da man nicht abgelenkt ist.

Distanz hilft das Ganze zu sehen.

Zum Beispiel sitzt ein Erzieher im Garten in der Freispielsituation der Kinder. Er befindet sich etwas abseits des Geschehens, beobachtet zwei Kinder beim Sandkuchenbacken und macht sich Notizen zum sozialen Miteinander im Spiel der Beobachteten.

Nach kurzer Zeit werden die Kinder auf den Erzieher aufmerksam, ein beginnender Streit bricht nicht aus, da sich eines der Kinder jetzt nicht mehr traut, gegen das andere Kind, das ihm die Sandförmchen weggenommen hat, aufzubegehren.

Detaillierte Beobachtung: Umgang mit vielfältigen Informationen

Im zeitlich begrenzten Rahmen werden hier möglichst viele Informationen unstrukturiert aufgenommen, später erfolgt das Sortieren und Auswerten des Erfassten.

Bei dieser Form der Beobachtung ist viel Raum für die verschiedensten Informationen und somit für die Spontaneität der Kinder vorhanden. Es entsteht ein „bunter Reigen" von beobachteten Verhaltensweisen und Gegebenheiten. Die Forderung nach einer Ganzheitlichkeit in der Beobachtung des einzelnen Kindes (vgl. Kapitel 2.2 „Bedeutung der Beobachtung …"), besonders in der Altersgruppe von 0–3 Jahren, wird damit ernst genommen und in konkretes Handeln umgesetzt.

Klären Sie im Vorfeld, ob eine Eingrenzung der Beobachtung nicht zeitsparender ist.

Diese Beobachtungsart erfordert jedoch auch viel Zeit bei der Auswertung. Die Informationsmengen müssen in einem zweiten Schritt strukturiert und auch in ihrer Wichtigkeit eingeschätzt werden, um beim Austausch im Team oder mit den Eltern und bei der weiteren pädagogischen Arbeit von Nutzen sein zu können. Manche einzelne Begebenheit gewinnt erst an Bedeutung, wenn sie wiederholt auftritt.

3.4.2   Systematische Beobachtung: oftmals Nutzung von standardisierten Verfahren

Bei dieser Beobachtungsart ist die Kontrolle und Wiederholbarkeit des Beobachtungsprozesses besonders wichtig. Die Dokumentation von Ergebnissen erfolgt oft in Form von Listen und Tabellen, denen ein Raster zugrunde liegt. Auf diese Weise ist es möglich, die erfassten Informationen miteinander zu vergleichen.

Die Erzieherin/der Erzieher kann Entwicklungsprozesse erkennen und in ihrer Intensität einschätzen. Festgelegte Dokumentationsformen haben den Vorteil, dass die Beobachtungen vereinheitlicht werden.

Nachteilig ist die starke Eingrenzung der Dokumentation. Ergeben sich während der Beobachtung z. B. unerwartete interessante Verhaltensweisen oder Entwicklungen, bieten standardisierte Bögen häufig kaum Raum für die Beschreibung. Man ist also durch die Struktur und Eingeschränktheit sehr festgelegt. Dies ist gerade in Bezug auf die Zielgruppe der 0- bis 3-Jährigen ein großer Nachteil, da hier ein individueller Zugang zum Kind besonders wichtig ist.

9.1 Beispielsystem 1 – differenzierter Bogen „Kognition"

Bereich: KOGNITION	Beobachterin	beobachtete
		mit folgendem Ergebnis
	Datum	

Merkfähigkeit

Kriterium 1	1	2	3	4	Bemerkungen
Das Kind benennt Farben.					
					Förderidee:

Kriterium 2	1	2	3	4	Bemerkungen
Das Kind befolgt Anweisungen in nachvollziehbaren Handlungsschritten.					
					Förderidee:

(Quelle: Thomas Dennig, Schritt für Schritt zur eigenen Beobachtung und Dokumentation, Bildungsverlag EINS, 2007, S. 91)

Festgelegte Dokumentationsformen haben den Vorteil, dass die Beobachtungen vereinheitlicht werden.

Für diese Altersgruppe bietet sich eine systematische Beobachtung als Informationsgrundlage an. Die Ergebnisse, z. B. Hinweise auf eine Entwicklungsbeeinträchtigung oder einen besonderen Förderbedarf, werden durch weitere Beobachtungen und entsprechende weiterführende Maßnahmen (interdisziplinäre Zusammenarbeit mit Psychologen, Therapeuten o. Ä.) überprüft und genutzt.

Eine Unterform der systematischen Beobachtung stellt die gezielte Beobachtung dar. Hier ist einfach die Konzentration auf ein bestimmtes Thema gemeint.

Die Beobachtungsaufmerksamkeit wird auf ein bestimmtes Verhalten gelenkt und dabei auch auf die möglichen Auslöser. Es wird sehr eingeschränkt ein bestimmtes Phänomen beobachtet.

Wo notiere ich das jetzt?

Anregungen für die praktische Umsetzung

Überlegen Sie, welche der dargestellten Beobachtungsarten Sie in Ihrer Arbeit bereits nutzen bzw. schon genutzt haben.

Beurteilen Sie die Umsetzung der einzelnen Formen kritisch auf ihre Machbarkeit in der Einrichtung.

Diskutieren Sie, welche Beobachtungsarten für welchen Anlass bzw. welches Thema in Ihrer täglichen Arbeit sinnvoll wären.

Tauschen Sie sich darüber aus, welche Voraussetzungen Sie zur erfolgreichen Umsetzung benötigen. Erstellen Sie einen Forderungskatalog als Grundlage für weitere Maßnahmen.

3.5   Hinweise zu Rahmenbedingungen

3.5.1   Einflussfaktoren auf Beobachtung und Dokumentation

Offene Fragen

- Welche Aspekte beeinflussen den Beobachtungs- und Dokumentationsprozess? Womit muss ich rechnen?

- Was wirkt sich positiv bzw. negativ auf die Beobachtung und Dokumentation aus?

- Gibt es spezifische Rahmenbedingungen der Beobachtung für die Arbeit mit Kindern unter drei?

- Wie lassen sich Störfaktoren minimieren?

- Welche Möglichkeiten habe ich als Erzieherin/Erzieher, an der Gestaltung des Beobachtungsrahmens mitzuwirken?

- Welche Rolle kommt der Thematisierung von schwierigen Rahmenbedingungen, z. B. im Rahmen von Teambesprechungen, zu?

- Welche Möglichkeiten der Einflussnahme auf Rahmenbedingungen habe ich noch? (Eltern, Leitung usw.)

- _____

- _____

- _____

Es könnte alles so einfach sein!

Die Beobachtungsplanung wird durch die individuellen Voraussetzungen des Beobachters sowie des beobachteten Kindes beeinflusst. Hierbei sind z. B. zu nennen: die Lebensgeschichte und Erfahrungen, individuelle Ressourcen und Beeinträchtigungen, Vorlieben, Kenntnisse.

Eingebettet ist die Planung der Beobachtung in die äußeren Rahmenbedingungen, d. h. die räumliche, zeitliche Umgebung, finanzielle Möglichkeiten, Personalsituation usw., die es zu berücksichtigen gilt.

Herrschen während einer Beobachtungssituation ungünstige äußere Rahmenbedingungen vor, so kann dies die Beobachtung stören und die Ergebnisse beeinflussen.

Im Alltag einer Kindertagesstätte gibt es hierzu einige Beispiele:

Der Alltag in einer Kinderkrippe ist von Spontaneität und Überraschungen geprägt.

■ Hoher Geräuschpegel und störende Nebengeräusche

Kinder sind nicht leise. In den Gruppenräumen herrscht oft ein gewisser „Grund-lärm" vor. Hier spielen viele Kinder miteinander und kommunizieren auf unter-schiedlichste Art und Weise. Das ist für eine Erzieherin/einen Erzieher Alltag. Eine Beobachtung erfordert jedoch eine Konzentration auf ein bestimmtes Kind oder eine (Gruppen-)Situation, die es zu erfassen und dokumentieren gilt. Diese Aufgabe ist durch den hohen Lärmpegel erschwert.

■ Ungünstige Lichtverhältnisse

Nicht ganz spezifisch für eine Einrich-tung in der Kindertagesbetreuung ist die-ser Aspekt. Ungünstige Lichtverhältnisse kann es in jedem Zusammenhang geben. Hierbei ist das Erfassen einer Situation eingeschränkt.

■ Ablenkungen des Beobachters (z. B. Ansprache durch Dritte)

Eine Erzieherin/ein Erzieher ist selten in der Lage, sich aus dem Gruppengesche-hen vollständig „herauszuziehen", um ausschließlich zu beobachten. Häufig geschieht dies ganz bewusst in der Form einer teilnehmenden Beobachtung, bei der man in das fokussierte Geschehen mit einge-bunden ist (vgl. Kapitel 3.4 „Formen der Beobachtung").

Der Umgang mit Ablenkungen, z. B. Nachfragen durch andere Kinder, sollte daher als wahrscheinliche Störung eingeplant werden. Im Team kann man Beobachtungs-vorhaben mit den Kolleginnen und Kollegen besprechen und gemeinsam überlegen, wie die beobachtende Kollegin/der beobachtende Kollege an dieser Stelle entlastet werden kann. Grundsätzlich gehören Ablenkungen jedoch zu arbeitsfeldspezifisch häufigen Ereignissen, mit denen Sie umgehen müssen.

■ Ungünstige Beobachtungssituation (z. B. Zeitdruck)

Auf diesen Aspekt haben Sie durch eine Beobachtungsplanung einen Einfluss. Ist eine Beobachtung geplant, lassen sich günstige Situationen festlegen und im Vor-feld im Team abstimmen.

Im Geschehen stellt sich oft heraus, dass die Gruppensituation oder die Atmos-phäre in der Gruppe bzw. die Tagesform des Kindes nicht für eine Beobachtung geeignet sind. Auch kann sich eine spontane Änderung im Tagesablauf innerhalb einer Gruppe ergeben. Vielleicht ist eine Kollegin an diesem Tag unerwartet aus-gefallen und die Personalsituation in der Gruppe ist nicht optimal. Hier ist die Änderung der Planung bzw. der Abbruch der Beobachtung oft die beste Entschei-dung.

Zu den personenabhängigen Beobachtungs- und Beurteilungsbedingungen gehören z. B.:

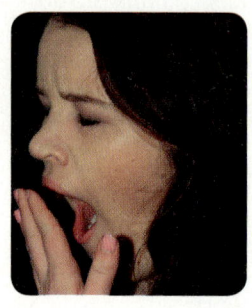

■ Müdigkeit, Stress und momentane Gefühle

Die Tagesform der Erzieherin/des Erziehers hat einen großen Einfluss auf die Qualität der Beobachtung, Dokumentation und Auswertung. Müdigkeit, Stress und andere negative Empfindungen lassen den Beobachter Wichtiges übersehen oder falsch bewerten. Hierzu gehören auch krankheitsbedingte Einschränkungen, die einer konzentrierten Beobachtung entgegenstehen. Eine Voraussetzung für Beobachtung ist es, eine gewisse Aufmerksamkeitsleistung zu gewährleisten.

■ Unterschiedliche Berufs- und Lebenserfahrungen

Berücksichtigen Sie auch Ihre persönliche Situation und Erfahrung.

Nicht jede Erzieherin ist in allen Beobachtungsthemen geübt.

Fehlen z. B. Kenntnisse zur Sprachentwicklung oder Erfahrungen mit Kindern mit Beeinträchtigungen, ist es oft schwierig, die aufgenommenen Eindrücke zu strukturieren und vor allen Dingen zu deuten. Eine große Hilfe ist da der Austausch im Team, durch den Beobachtungen und Beurteilungen zugunsten einer größeren Objektivität relativiert werden können.

Darüber hinaus sollte man versuchen, sich nicht zu stark von eigenen positiven und negativen Erfahrungen leiten zu lassen und eigene Erfahrungen nicht auf das beobachtete Kind zu übertragen.

Hierzu gehört auch ein selbstreflexiver Umgang mit Sympathie, Antipathie und Vorurteilen.

■ Subjektive und mehrdeutige Begriffe (z. B. netter Junge, anstrengende Eltern)

Bei der Beschreibung beobachteten Verhaltens ist es notwendig, möglichst klar und wertfrei zu bleiben.

Wichtig ist, dass Sie sich bewusst machen, das Verhalten zu beschreiben und nicht eine Bewertung des Kindes als Person vorzunehmen. Eine vollständige Objektivität ist nicht möglich, daher ist es für den Beobachter besonders wichtig, sich der eigenen Normen, Werte und Vorstellungen bewusst zu sein und diese im Auswertungsprozess zu berücksichtigen.

Vorschnelle Interpretationen sollten vermieden werden.

Auch eine Exaktheit in den verwendeten Begriffen ist hilfreich, um sich später im Team über die Beobachtungen austauschen zu können.

■ Unpräzise Behauptungen vermischt mit Deutungen (z. B. Celina hat Angst)

Vermischen sich Deutung und Beschreibung einer Situation, ist das als Grundlage der pädagogischen Arbeit mit dem Kind problematisch.

Aus zu allgemeinen Schilderungen lassen sich oft keine klaren Schlussfolgerungen ableiten. Achten Sie darauf, **Verhalten** zu beschreiben.

Im oben genannten Beispiel müsste klar werden, aus welchem **Verhalten** Sie auf Celinas Angst schließen. Vielleicht wären ja auch andere Deutungen ihrer Verhaltensweisen möglich (vgl. Kopiervorlagen im Anhang, S. 115).

Beispieltabelle zur Interpretation von beobachteten Verhaltensweisen

Vgl. Anhang 7.6, S. 115

Was sehe ich? Welches Verhalten beobachte ich?	Was interpretiere ich? Was könnte das Verhalten bedeuten?	Welche anderen Interpretationsmöglichkeiten gibt es?
Das Kind spielt im Freispiel nur mit Bausteinen.	z. B. es hat zu wenig Anregungen von außen	z. B. das Kind beschäftigt sich aufgrund einer momentanen Entwicklungsphase am liebsten mit Baumaterial das Kind hat zuhause keine Bausteine und findet diese in der Kita daher besonders spannend …
Das Kind schlägt in konflikthaften Situationen auf andere Kinder ein.	z. B. es ist mit Konflikten in seinen sozialen Fähigkeiten überfordert	z. B. das Kind hat eine offensichtliche körperliche Behinderung (z. B. eine Hörbehinderung) und das gezeigte Verhalten wird durch Unsicherheit und Überforderung ausgelöst das Kind erlebt in der Familie Gewalt als vornehmliche Konfliktlösungsstrategie und wendet dies auch selber an …

Wichtig ist die möglichst objektive, wertfreie und vollständige Umsetzung der Beobachtungsplanung. Bei der Durchführung der Beobachtung muss jedoch daran gedacht werden, dass sich spontan eine Störung oder Veränderung in der Situation einstellen und die Beobachtung nicht wie vorher geplant ablaufen kann. In diesem Fall ist es wichtig, dass der Beobachter situativ handelt, d. h. auch einen Spielraum für Veränderungen in der Planung mitdenkt, den er nutzen kann, wenn er merkt, dass die geplante Beobachtung so nicht durchzuführen ist.

Ein zentraler Begriff ist hier die Erhaltung der Handlungsfähigkeit. Eine Planung darf nie so starr sein, dass sie die Dynamik menschlicher Interaktion verhindert.

Nicht alles ist planbar – und das ist gut so. Bleiben Sie lebendig!

Anregungen für die praktische Umsetzung

Tauschen Sie sich über Ihre Erfahrungen bei bisher durchgeführten Beobachtungen aus. Erheben Sie die Vorerfahrungen der einzelnen Mitarbeiterinnen und Mitarbeiter und identifizieren Sie ggf. notwendigen Qualifizierungs- bzw. Fortbildungsbedarf.

Überlegen Sie, wie mit schriftlichen Dokumentationsaufgaben bisher umgegangen wurde. Gab es z. B. für die Verfassung von Berichten zuständige Kolleginnen und Kollegen oder haben alle Mitarbeiterinnen und Mitarbeiter alle Aufgaben übernommen? Gibt es Verbesserungspotenziale? Wo kann man den Einzelnen entlasten oder diesen Tätigkeitsbereich insgesamt effizienter gestalten?

3.5.2   Beobachtungs- und Beurteilungsfehler

Offene Fragen

- Welches sind die häufigsten Fehlerquellen in den genannten Prozessen?

- Gibt es Spezifika für den Bereich U3?

- Wie gehe ich mit diesen Fehlern um, wenn sie auftreten?

- Was kann ich präventiv tun?

- _____

- _____

- _____

Wo lauern Gefahren?

Der Beobachtungsprozess kann auch durch folgende Beobachtungs- und Beurteilungsfehler gestört werden:

- **Einstellungsfehler**

Nicht alle Fehler kann man vermeiden, aber man sollte sie auf jeden Fall kennen und für die eigene Entwicklung nutzen.

Die eigene Einstellung wird zum Maßstab der Bewertung erhoben (z. B. auch Prozesse, bei denen der beobachteten Person gegenteilige Wesensmerkmale zugeschrieben oder gar solche auf sie projiziert werden).

Wie sieht das in der Praxis aus?

> *Beispiel*
> *In der Kitagruppe „Glühwürmchen" gibt es in schöner Regelmäßigkeit Raufereien unter den Jungen. Mittendrin ist immer Kevin (2;5). Der Junge ist insgesamt motorisch sehr aktiv und reagiert in Konfliktsituationen oft mit Wutausbrüchen und Handgreiflichkeiten gegenüber den anderen Kindern.*
> *Die Beobachtungen, die über Kevin gemacht wurden, und ggf. notwendige pädagogische Konsequenzen werden in der Teamsitzung besprochen. Eine Erzieherin findet das dokumentierte Verhalten für einen Jungen ganz normal.*

- **Halo-Effekt (Pygmalion-Effekt)**

Vom Halo-Effekt wird gesprochen, wenn der Beobachter sich von einzelnen besonders auffälligen oder deutlich ausgeprägten persönlichen Merkmalen bzw. Eigenschaften oder Ereignissen so in den Bann ziehen lässt, dass er von diesen auf die ganze Person schließt. Auch eine Ablenkung vom eigentlich Bedeutsamen ist eine Gefahr.

Wie sieht das in der Praxis aus?

> *Beispiel*
> *Linda (2 Jahre) ist ein ausnehmend zartes Kind. Im Krippenspiel an Weihnachten darf sie immer einen Engel spielen, weil sie dieser Figur vom Aussehen sehr nah kommt. Die Erzieherinnen und Erzieher erleben Linda als sanftes und unproblematisches Kind.*

Jetzt beschwert sich Jan (1,5 Jahre), Linda würde ihm in der Bauecke immer das Spielzeug wegnehmen. Als die Erzieherin das Mädchen daraufhin zur Rede stellt, fängt Linda nur an zu weinen.

Die Erzieherin kann gar nicht glauben, dass die Kleine anderen Kindern Spielzeug wegnehmen würde, und sagt zu Jan, er solle sich jetzt doch mit Linda vertragen.

■ „Mildeeffekt"

Der „Mildeeffekt" ergibt sich, wenn aus Mitleid negativ bewertete Verhaltensformen nicht wahrgenommen werden. Dies kann bewusst und unbewusst begründet sein.

Wie sieht das in der Praxis aus?

Beispiel

Lara (1;5) kommt aus einer sozial schwachen Familie. Ihre Eltern sind seit Jahren arbeitslos und die fünfköpfige Familie lebt von staatlicher Unterstützung. In den letzten Wochen ist den Erzieherinnen und Erziehern öfter aufgefallen, dass Lara Bonbons aus dem Geburtstagsglas im Gruppenraum nimmt.

In der nächsten Teamsitzung ist Laras Verhalten Thema. Eine Erzieherin findet, dass man das Kind gewähren lassen sollte, schließlich „hat es die Kleine ja wirklich nicht leicht".

■ Kontrastfehler

Bei dieser Fehlerquelle wird die Aufmerksamkeit des Betrachters vor allem von den Aspekten in Anspruch genommen, die im Kontrast zu den eigenen persönlichen Merkmalen und Werten stehen. Diese Kontraste erscheinen dem Beobachter besonders deutlich und signifikant, sodass er sie auch bevorzugt dokumentiert.

Wie sieht das in der Praxis aus?

Beispiel

Morgenkreis bei den „Maikäfern" an einem Montag: Alle Kinder reden durcheinander, jeder will berichten, was er am Wochenende erlebt hat. Schließlich darf Alina (2;10) erzählen. Noch während ihrer Schilderung platzt Maik (2;11) immer wieder heraus und unterbricht das Mädchen. Die Erzieherin ermahnt ihn, aber der lebhafte Maik schafft es einfach nicht, ruhig zu bleiben.

Die Erzieherin thematisiert Maiks Unruhe im Gespräch mit ihrem Kollegen und zeigt ihm die entsprechenden Aufzeichnungen, die sie sich nach dem Morgenkreis gemacht hat. Dieser findet das Verhalten des Jungen während des Morgenkreises nicht ungewöhnlich und kann ihn gut verstehen.

■ *primacy-effect* (Vorrangeffekt)

Der erste Eindruck einer Person bestimmt unser Bild dieses Menschen. Dieser grundsätzlich banalen Erkenntnis sollte man sich bei Beobachtungen immer bewusst sein.

Wie sieht das in der Praxis aus?

Beispiel

Eingewöhnungszeit von Muhammed (1;3): Seine Mutter bringt ihn täglich in die Kinderkrippe, stellt aber bereits am ersten Tag klar, dass sie zur Zeit beruflich stark unter Druck steht und daher pünktlich nach drei Stunden gehen muss.

Die Erzieherinnen und Erzieher finden dieses Verhalten nicht gut und als Muhammeds Mutter beim Elternabend absagt, fühlen sich alle in ihrer Einschätzung bestätigt, dass sie wohl wenig Interesse an der Arbeit mit ihrem Sohn hat und einfach eine Betreuung braucht.

■ *recency-effect* („**der letzte Eindruck**")

Sich der eigenen „Empfänglichkeit" für bestimmte Fehler bewusst zu sein, ist wichtig, um mit ihnen umzugehen.

Der letzte Eindruck, den man aus einer Situation mitnimmt, wirkt oft besonders deutlich nach und bleibt nachhaltig im Gedächtnis. Das kann u. a. die Bewertung oder Interpretation einer Beobachtung beeinflussen.

Wie sieht das in der Praxis aus?

Beispiel

Sara (1;0) ist heute kaum zu bändigen. Zielsicher scheint sie sich immer genau das Spielzeug auszusuchen, was bereits an ein anderes Kind vergeben ist. Es kommt mehrfach zu Konflikten und Streit um die Spielsachen. Die Erzieherin verfolgt Saras Verhalten und interveniert, wenn die Einigung so gar nicht gelingen will. Am Ende des Kitatages ist Aufräumen angesagt. Sara ist sehr aktiv und unterstützt die anderen Kinder.

Als die Erzieherin nach der Abholung der Kinder am Abend ihre Aufzeichnungen auswertet, ist sie doch etwas überrascht. Eigentlich fand sie Saras Verhalten heute sehr zuvorkommend.

Anregungen für die praktische Umsetzung

Tauschen Sie sich darüber aus, inwieweit Sie bereits Erfahrungen mit Beobachtungsfehlern gesammelt haben oder ob Ihnen ähnliche Mechanismen im Alltag begegnet sind.

Entwickeln Sie Ideen, wie man diese Fehlerquellen in der täglichen Arbeit vermeiden bzw. im Nachhinein korrigieren könnte.

Prüfen Sie, ob die Checkliste zu den Beobachtungsbedingungen (im Anhang) eine sinnvolle Hilfe bei der Planung sein kann, und ergänzen Sie diese um für Sie relevante weitere Punkte.

3.6   Dokumentationsverfahren

Offene Fragen

■ Wie kann ich das Beobachtete dokumentieren? Welche unterschiedlichen Wege gibt es?

■ Welche Dokumentationsart ist wann sinnvoll?

■ Gibt es Möglichkeiten der Dokumentation, die den besonderen Bedürfnissen der unter Dreijährigen in besonderer Weise gerecht werden?

- Was mache ich schon jetzt und kann es auch für die geänderte Altersgruppe weiterverwenden?

- Gibt es auch neue, kreative Alternativen?

- _____

- _____

- _____

Neue Medien oder doch lieber Altbewährtes? – Alles ist möglich!

Im vorangegangenen Kapitel haben Sie bereits einige Hinweise zu Möglichkeiten der Beobachtungsbeschreibung erhalten, die sich für die einzelnen Beobachtungsarten anbieten.

Das Festhalten von Beobachtungen kann auf vielerlei Arten erfolgen. Es ist eine grundlegende Aufgabe der Erzieherin/des Erziehers und insofern haben Sie diese schon immer in der einen oder anderen Form erfüllt.

Zur Dokumentation kann man neben den klassischen schriftlichen Beobachtungsaufzeichnungen z. B. folgende weitere Medien nutzen:

Dokumentationsaufgaben begegnen Ihnen in der alltäglichen Praxis in vielen verschiedenen Formen.

- Bilder, die von den Kindern selbst gemalt wurden, Bastelergebnisse u. Ä.

- Ausflugsberichte

- Zitate der Kinder

- Fotos vom Kind und der Gruppe

- Anekdoten und Geschichten aus dem Alltag

- Gesprächsprotokolle mit dem Kind und den Eltern

- Steckbriefe der Kinder

- Berichte von Projekten

Nun soll es um einen Überblick über die verschiedenen Dokumentationsweisen gehen, damit Sie die für Ihr Ziel stimmige Form wählen können. Anregungen bieten auch die im Anhang vorgestellten Dokumentationsraster und -bögen.

Zunächst ist es wichtig festzustellen, dass die Form der Dokumentation in engem Zusammenhang mit der gewählten Beobachtungsart steht. Grundsätzlich kann man zwei Formen der Dokumentation unterscheiden:

Wählen Sie die für Ihren Zweck und Ihre Zielgruppe passende Dokumentationsform aus.

- offene Formen der Dokumentation, z. B. in Form von anekdotischen Beschreibungen ohne festgelegte Struktur, auch in Stichworten. Diese Form bietet großen Spielraum für spontane „Entdeckungen" und deren Beschreibung.

- strukturierte Dokumentationsformen, z. B. in Form von gegliederten Beobachtungsbögen, mit vorgegebenen Beobachtungsaspekten bzw. Kriterien. Hierbei ist auch die systematische Feststellung und Auszählung von Häufigkeiten möglich.

In der Regel gibt es zur Frage der Dokumentation keine bindenden Vorgaben. In manchen Einrichtungen werden jedoch vom Träger bzw. der Leitung standardisierte Formen und Instrumente zur Dokumentation, z. B. als Bestandteil eines Qualitätsmanagementkonzeptes, vorgegeben. Diese sind in der Regel auch in der Konzeption festgehalten.

Exemplarischer Tagesablauf für Krippe und Kindergarten

Uhrzeit	Aktivität
06:00–08:00 Uhr	Frühdienst
08:00–08:45 Uhr	Frühstücksbüffet
09:10 Uhr	täglicher Morgenkreis

Ab 09:30 Uhr können die Kinder an Aktivitäten teilnehmen bzw. im Freispiel im Garten spielen.
– gezielte Beobachtung und Förderung einzelner Kinder
– feste Angebote:
  Montag: Schwimmkurs
  Dienstag: Nutzung der hauseigenen Sauna
  Mittwoch: jede 2. Woche Besuch der Schulbücherei, Teilnahme am
  Aktionstag: z. B. Backen in der Kita, Experimentieren mit unterschiedlichen Materialien, Besuch im Schwimmbad, im Reiterhof bzw. einer Kegelbahn; berücksichtigt alle Altersstufen
  Donnerstag: Englischkurs, alle 4 Wochen Besuch der Stadtbücherei in der Altstadt Spandau für die Vorschulkinder
  Freitag: Bewegungs- und Turnangebot für alle Altersgruppen	

12:00 Uhr	Mittagessen in der Cafeteria
13:00 Uhr	weitere Aktivitäten, an denen auch die Hortkinder teilnehmen können
Zusätzlich wird ab 14:30 Uhr ein Imbiss für alle Kinder in der Cafeteria angeboten.	
16:00–18:00 Uhr	Spätdienst

(Aus: Konzept vom Kinderparadies Waldgeister, Berlin, der ASB Kinder- & Jugendhilfe)

Im Alltag mit den Kindern erleben Sie eine große Vielfalt an Situationen, die es wert sind, festgehalten zu werden. Tatsächlich beobachten und beschreiben Sie aber in der Regel nicht alle. Dennoch bleibt ein großer Pool an notierten Begebenheiten, von denen nicht alle z. B. als Bildungs- und Lerngeschichte dokumentiert werden können. Sie müssen eine Auswahl treffen.

Diese kann unter verschiedenen Leitaspekten geschehen, z. B.:

■ **Kind selbst im Mittelpunkt**
  ▶ Ist die Begebenheit oder das gezeigte Verhalten für dieses Kind besonders typisch?
  ▶ Sagt es etwas über die Besonderheit des Kindes aus?

■ **Entwicklung des Kindes im Mittelpunkt**
  ▶ Bildet die Beobachtung zusammen mit anderen Beobachtungen eine Art „Kette"? „Dockt" sie an andere Erfahrungen an?
  ▶ Wurde z. B. eine Lernstrategie weiterentwickelt?

■ **Vorstellung und Präsentation im Mittelpunkt**
  ▶ Verfüge ich gerade zu dieser Situation über gutes Dokumentationsmaterial?
  ▶ Gibt es dazu z. B. aussagekräftige Bilder, die das Geschehen verdeutlichen?

Eine gezielte Auswahl geeigneter Beobachtungen reduziert die Materialmenge und macht darüber hinaus eine Verdeutlichung der kindlichen Entwicklung möglich. Zu bestimmten Zeiten vom Kind bevorzugte Bildungsthemen, Lieblingsspiele, Freundschaften mit anderen werden klarer, wenn nicht jede Alltagsbeobachtung in eine Bildungsdokumentation aufgenommen wird.

Eine solche Auswahl ist natürlich nicht unproblematisch, da sie einen „Filter" der von den Beteiligten für wichtig oder signifikant erachteten Begebenheiten darstellt. Eine Wertung des Beobachteten in Form einer Auswahl kann demnach auch verfälschen.

Um diese Gefahr zu minimieren, ist es wichtig, auch hier im lebendigen Austausch mit dem Kind, den Eltern und den Kolleginnen und Kollegen zu sein. Man kann die Wichtigkeit von Situationen für das Kind sicherer erfassen, indem man auf unterschiedliche Sichtweisen zurückgreift und diese in seine Entscheidung einbindet.

Wichtig ist es, bei allen Beobachtungen die Rahmenbedingungen, in denen eine Situation geschieht bzw. ein kindliches Verhalten gezeigt wird, in der Beschreibung zu berücksichtigen. Das gleiche Verhalten kann in unterschiedlichen Kontexten eine ganz verschiedene Interpretation nahelegen (vgl. Kapitel 2 „Wahrnehmung und Beobachtung" sowie die Praxisbeispiele).

Nutzen Sie bei der Auswahl von Beobachtungen den Austausch mit Kolleginnen, Eltern und natürlich dem Kind.

Wenn man dann die Beschreibung des Verhaltens mit einem gewissen zeitlichen Abstand liest, ist es notwendig, den Kontext zu kennen, um Interpretationen möglichst angemessen zu treffen bzw. nachvollziehen zu können. Daher umfasst die Dokumentation von Beobachtung auch immer die Beschreibung der Rahmenbedingungen und der Situation, in der die Beobachtung gemacht wurde. Dies ist z. B. im gewählten Beobachtungsbogen zu berücksichtigen.

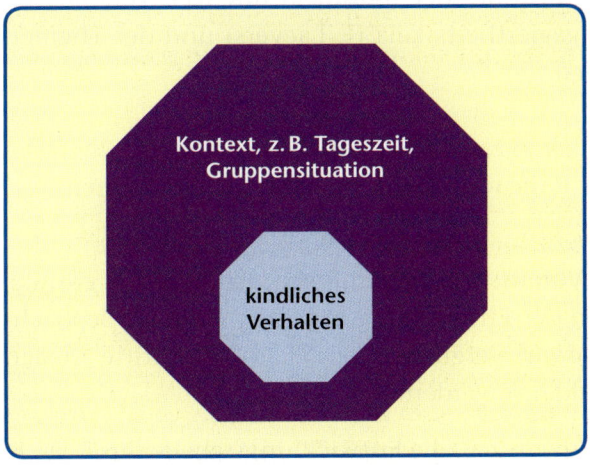

Eine der größten Herausforderungen zum Thema Beobachtung ist sicherlich die Umsetzung einer sorgfältigen und genauen Beschreibung ohne wertende Elemente.

Wie schnell verwenden wir Begriffe wie „schüchtern" oder „aufgeregt", die bereits eine Wertung kindlichen Verhaltens beinhalten?

Ist eine intepretationsfreie Beschreibung überhaupt möglich und sinnvoll (vgl. Kapitel 3.5 „Hinweise zu Rahmenbedingungen", speziell Beobachtungsfehler)?

Eine Antwort auf diese Fragen kann eine Haltung bewirken, die als reflektierte Subjektivität bezeichnet werden kann. Natürlich ist es wichtig, in der Beobachtungssituation auch die eigenen Gefühle und spontane Interpretationen ernst zu nehmen, da diese oft wichtige erste Hinweise auf den Sinn des Geschehens geben (vgl. Kapitel 3.5 „Hinweise zu Rahmenbedingungen").

Reflektierte Subjektivität bedeutet nur: „Ich bin mir im Klaren darüber, dass ich nicht 100% objektiv sein kann und berücksichtige dies in meiner Bewertung der Beobachtung." Das heißt, ich nutze die eigenen Empfindungen als wichtige Hinweisquelle und beziehe sie in die spätere Interpretation des Geschehenen mit ein.

Dabei sollten Sie sich der Gefahr bewusst sein, dass die eigenen Gefühle in Bezug auf eine beobachtete Situation nicht denen des beteiligten Kindes entsprechen müssen, dass also hier eine unreflektierte Übernahme nicht zulässig ist.

Seien Sie sich Ihrer Subjektivität bewusst und nutzen Sie eigene Empfindungen im Einschätzungsprozess.

Problematisch ist es, wenn in Beobachtungsbögen nicht genügend Wert auf die Trennung von Beschreibung und Auswertung gelegt wird. Bei der Verwendung dieser Dokumentationsmedien ist zu beachten, dass mit der Einarbeitung von Bewertung in die Verhaltensbeschreibung eine Übernahme externer/festgelegter Normkriterien verbunden ist. Mit diesen sollte man sich jedoch erst einmal kritisch auseinandersetzen, bevor man kindliches Verhalten an ihnen misst.

Je nach Beobachtungszielsetzung kann man nach Dr. H. R. Leu drei Ebenen der Dokumentations- und Auswertungsinstrumente unterscheiden.

Entwicklung einer kindgerechten Perspektive in der Pädagogik	Kontrolle von Lernfortschritten im Rahmen klar definierter Altersnormen/Lernziele	Frühzeitiges Erkennen von Entwicklungsstörungen

Entwicklung einer kindgerechten Perspektive in der Pädagogik

- **Ziel:** Hier geht es darum, das Kind in seiner Individualität und mit seinen Interessen, Themen sowie seiner Lernbiografie kennenzulernen.

- **Instrumente:** Dies geschieht z. B. mithilfe der Bildungs- und Lerngeschichten (Margaret Carr/H. R. Leu), der Engagiertheitsskala (F. Laevers) und der Themen der Kinder (H.-J. Laewen, B. Anders).

Kontrolle von Lernfortschritten im Rahmen klar definierter Altersnormen/Lernziele

- **Ziele:** Dieser Zielsetzung liegt die Voraussetzung von Referenznormen zugrunde, die allgemeine Gesetzlichkeiten in der Entwicklung abbilden (sollen). Beobachtetes kindliches Verhalten kann dann verglichen und Lernfortschritte in den Entwicklungsbereichen können erkannt werden.

- **Instrumente:** Verwendet werden hierzu z. B. die Entwicklungstabelle (Prof. Dr. E. K. Beller/S. Beller), die diagnostischen Einschätzskalen DES zur Beurteilung des Entwicklungsstandes und der Schulfähigkeit (K. Barth), der Baum der Erkenntnis (aus Schweden).

Frühzeitiges Erkennen von Entwicklungsstörungen

- **Ziel:** Beobachtungen können als Warnsystem genutzt werden und in diesem Rahmen Hinweise auf nicht entwicklungsgerechtes Verhalten geben.

- **Instrumente:** Möglichkeiten hierzu bieten z. B. das sensomotorische Entwicklungsgitter (E. J. Kiphard) und die validierten Grenzsteine der Entwicklung (H.-J. Laewen).

3.6.1 Entwicklung einer kindgerechten Perspektive in der Pädagogik

Bildungs- und Lerngeschichten

Eine der gebräuchlichsten Formen der Beobachtungsdokumentation ist die Arbeit mit den Bildungs- und Lerngeschichten.

Der Ansatz der „learning stories" wurde in den 1990er-Jahren in Neuseeland von Margaret Carr entwickelt und von H. R. Leu zum Instrument der „Bildungs- und Lerngeschichten" in einen Kontext für die Situation in Deutschland gesetzt.

Bei den Bildungs- und Lerngeschichten stehen die Selbstbildungsprozesse des Kindes im Blickpunkt. Die Erzieherin/der Erzieher versucht, durch Beobachtung alltäglicher Situationen Erkenntnisse über die momentanen kindlichen Entwicklungsthemen zu gewinnen (vgl. offene Beobachtungsansätze, Anhang S. 116 ff.). Diese dienen dann wiederum der Einschätzung von passgenauen Themen, die der Entwicklungsbiografie des Kindes entsprechen.

Bei den Bildungs- und Lerngeschichten stehen die Selbstbildungsprozesse des Kindes im Blickpunkt.

Ziele dieses Verfahrens sind es,

- einen systematischen und strukturierten Einblick in den kindlichen Entwicklungsprozess zu erlangen, ohne den Verzicht auf eine Ganzheitlichkeit;

- auf der Grundlage des Beobachtungsergebnisses eine individuell ausgerichtete Angebotsplanung zu erstellen, die die Kinder in genau dem richtigen Maß fordert;

- das Kind partizipatorisch in den Dokumentationsprozess einzubinden und damit Wertschätzung zu vermitteln und die kindliche Persönlichkeitsentwicklung zu stärken;

- die kontinuierliche Kooperation mit den Eltern zu erwirken. Diese wird durch eine zugrunde liegende Struktur in einen verbindlichen Rahmen gesetzt;

- einen gesicherten fachlichen Austausch mit den Kolleginnen und Kollegen zu initiieren, der aus der festen Struktur resultiert und regelmäßig stattfindet.

Wie funktioniert das?

Grundsätzlich handelt es sich um ein ressourcenorientiertes und kindzentriertes Instrument.

Zugrunde liegt der Beobachtung der Kinder die Kenntnis von fünf Lerndispositionen, die es in den beobachteten und dokumentierten Situationen zu identifizieren gilt. Diese sind als Voraussetzungen für alle Bildungs- und Lernprozesse zu verstehen und kennzeichnend für die kindliche Auseinandersetzung mit der Umwelt.

- **Interesse zeigen (taking an interest)**
  Ein Kind gibt sprachlich oder handelnd zu erkennen, was es interessant findet.

- **Engagiert sein (being involved)**
  Sich auf etwas einlassen, sich eine Zeit lang einem Thema widmen, sich identifizieren und immer besser auskennen.

- **Bei auftretenden Schwierigkeiten oder Unsicherheiten trotzdem eine Tätigkeit weiterführen (persisting with difficulty or uncertainty)**
  Dabei entsteht die Möglichkeit, Fehler selbst zu erkennen und Abhilfe zu finden.

- **Sich mit anderen austauschen (communication with others)**
  In die Kommunikation über ein Thema oder eine Aktivität kommen und gemeinsam Ideen austauschen bzw. Lösungswege finden.

- **Übernahme von Verantwortung (taking responsibility)**
  Dies beinhaltet die Bereitschaft, etwas von einem anderen Standpunkt aus zu sehen, eine Vorstellung von Gerechtigkeit und Unrecht zu entwickeln, Entscheidungen zu treffen und um Rat gefragt zu werden.

Über die Schritte der Beschreibung, Diskussion, Dokumentation und Entscheidung werden Erkenntnisse über die aktuelle Situation gewonnen und eine entsprechende anregende Begleitung abgeleitet.

Die Erstellung der Bildungs- und Lerngeschichten erfolgt in folgenden Schritten. Die Grundlage bilden Beobachtungen der Erzieherin/des Erziehers vom Kind bzw. der Kindergruppe in verschiedenen alltäglichen Situationen.

- Bei der Dokumentation der Beobachtungen achtet die Erzieherin/der Erzieher besonders darauf, wo die o. g. Dispositionen im kindlichen Verhalten bzw. im Verlauf der Situation deutlich werden, und **beschreibt** diese (describing).

- Die Beobachtungen werden mit den Kolleginnen und Kollegen, den Eltern und dem Kind selber **diskutiert** und gedeutet. Hierbei ist es wichtig, eine möglichst umfassende Sicht auf die Situation und das kindliche Verhalten zu erlangen. Besonderheiten sollen deutlich werden (discussing).

- Es erfolgt eine schriftliche **Dokumentation** des gesamten Auswertungsprozesses (documenting).

- Zuletzt wird **entschieden**, welche Angebote oder Themen das Kind in seiner individuellen Bildungsbiografie voranbringen können (deciding).

Für die Diskussion stellt M. Carr folgende Aspekte auf, die die Erzieherin/der Erzieher berücksichtigen sollte:

- Entwicklung ist nicht vorhersehbar: Das bedeutet, dass Beobachtungen immer wieder notwendig sind und die Erkenntnisse stetig aktualisiert werden müssen.

- Die kindliche Sichtweise muss mit einbezogen werden: Das bedeutet, die Produkte und Meinungen des Kindes zu berücksichtigen.

■ Eine beschreibende Grundhaltung ist dem Kind angemessener als ein Abgleich mit festgesetzten Normen.

■ Die Interpretation der Beobachtungsbeschreibungen sollte immer im Austausch erfolgen. So können verschiedene Sichtweisen berücksichtigt werden, z. B. von Kindern, Eltern, anderen Erzieherinnen und Erziehern.

■ Im Mittelpunkt steht die Aktivität des Kindes und nicht die Bewertung der Erzieherin/des Erziehers. Das kindliche Tun hat allein durch sein Auftreten einen Wert.

■ Die Einschätzung von Beobachtungsbeschreibungen muss in praktische Gestaltung der Lernumgebung umgesetzt werden, um die Kinder in ihrem Entwicklungsprozess zu unterstützen und anzuregen.

Die Bildungs- und Lerngeschichten sind ein sehr kindzentrierter Ansatz. Die Erzieherin/der Erzieher würdigt das Verhalten des Kindes, indem sie oder er dieses zunächst nur beschreibt, ohne zu werten oder in ein vorgegebenes Raster einzuordnen. Vielmehr wird in einer Sammlung von Lerngeschichten das individuelle Lernmuster gesucht.

Von der Erzieherin/dem Erzieher erfordert die Vorgehensweise eine gewisse Übung im Erfassen und Beschreiben. Darüber hinaus sollten die Eltern von Anfang an „mit ins Boot" geholt werden.

Vergessen Sie die Eltern nicht!

Weitere Informationen

Leu, H. R./Flämig, K./Frankenstein, Y./Koch, S./Pack, I./Schneider, K./Schweiger, M.: *Bildungs- und Lerngeschichten. Bildungsprozesse in früher Kindheit beobachten, dokumentieren und unterstützen.* Weimar/Berlin: verlag das netz, 2007

3.6.2 Kontrolle von Lernfortschritten im Rahmen klar definierter Altersnormen/Lernziele

Entwicklungstabelle von Prof. Dr. E. K. Beller (Literaturangabe s. S. 53)

Dieses bereits in den 1980er-Jahren erstmals veröffentlichte und laufend aktualisierte Verfahren dient einer individuellen systematischen Erhebung vom Entwicklungsstand eines Kindes in verschiedenen Kompetenzbereichen, um so ein differenziertes Entwicklungsprofil zu erhalten, mit dem Perspektiven für die Entwicklung des Kindes eingeschätzt werden können. Die Tabelle ist für die Zielgruppe von Kindern bis zum 72. Lebensmonat konzipiert.

Mittels einer individuellen systematischen Erhebung des kindlichen Entwicklungsstandes werden Perspektiven des Kindes eingeschätzt.

Dabei werden acht Bereiche berücksichtigt:

- Körperpflege
- Umgebungsbewusstsein
- sozial-emotionale Entwicklung
- Spieltätigkeit
- Sprache
- Kognition
- Grob- und Feinmotorik

Zu jedem Kompetenzbereich finden sich in der Entwicklungstabelle je 14 Entwicklungsphasen. Im ersten Lebensjahr werden aufgrund der schnellen kindlichen Entwicklung Phasen mit über drei Monaten vorgegeben. Ab dem zweiten Lebensjahr verlängert sich die Dauer der Phasen auf sechs Monate.

Die Ergebnisse von Beobachtungen werden für das einzelne Kind auf einem vorgegebenen Erhebungsprotokoll (Formblätter) dokumentiert. Dieses bildet die Grundlage für ein individuelles Entwicklungsprofil.

Wie funktioniert das?

Die Arbeit mit der Entwicklungstabelle verlangt eine gründliche Einarbeitung im Vorfeld. Die Erzieherin/der Erzieher muss sich mit den unterschiedlichen Kompetenzbereichen und deren Inhalten vertraut machen, damit das beobachtete kindliche Verhalten auch korrekt zugeordnet werden kann.

Die Erstellung eines individuellen Entwicklungsprofils des Kindes erfolgt in zwei Schritten:

- Zunächst findet eine **Beobachtungsphase** statt. Die Erzieherin/der Erzieher beobachtet ein oder mehrere Kinder über einen Zeitraum von ein bis zwei Wochen in ihrem alltäglichen Verhalten. Hierbei ist darauf zu achten, dass alle Kompetenzbereiche abgedeckt sind. Die Dokumentation und Einschätzung der Beobachtungen erfolgt mithilfe eines Erhebungsprotokolls.

- Dann erfolgt eine **differenzierte Auswertung** der erhobenen Ergebnisse. Dazu wird ein spezifisches Rechenmodell genutzt. Am Ende steht ein **individuelles Entwicklungsprofil** des Kindes, welches für jeden Kompetenzbereich ausweist, in welcher Entwicklungsphase sich das Kind zum Erhebungszeitpunkt befindet.

Es geht dabei nicht um eine Abgleichung mit Normwerten, sondern um eine individuelle Betrachtung des Kindes.

Mit dem Entwicklungsprofil ist es dann möglich, die Bereiche auf einen Blick zu identifizieren, in denen das Kind besonders fortgeschritten ist oder auch Entwicklungsrückstände hat. Es geht dabei nicht um eine Abgleichung mit Normwerten, sondern um eine individuelle Betrachtung des Kindes.

Dies ermöglicht es der Erzieherin/dem Erzieher, einen evtl. vorhandenen Förderbedarf zu erkennen und entsprechende Bereiche verstärkt zu beobachten bzw. Kontakt zu den Eltern oder Fachleuten aufzunehmen.

Sind besondere Spitzen in den Kompetenzbereichen vorhanden, besteht durch diese vielleicht die Möglichkeit einer Kompensation nicht so gut entwickelter Fähigkeiten. Um ein solches Gesamtbild zu erreichen, ist die Durchführung der Einschätzung in allen Bereichen notwendig.

Dann erhält die Erzieherin/der Erzieher so eine umfassende und gleichzeitig differenzierte und individuelle Übersicht über aktuell vorhandene Kompetenzen des Kindes.

Ein großer Vorteil dieses Verfahrens liegt in der anschaulichen Form des Entwicklungsprofils. Sie erschließt sich auch ohne große Vorbereitung und Schulung. Damit ist sie gut nutzbar für die Diskussion und Beratung im Teamkontext sowie als Grundlage für Elterngespräche. Auch in der praktischen pädagogischen Arbeit liefern die Entwicklungsprofile durch die sehr konkret formulierten Verhaltensweisen viele Anregungen. Diese Konkretheit macht die Arbeit mit den Bögen sehr praktikabel.

Dennoch sollte man den recht hohen zeitlichen Aufwand des Verfahrens bedenken und die Notwendigkeit einer intensiven Einarbeitung der damit betrauten Erzieher/-innen auf eine Realisierbarkeit in der eigenen Einrichtung hin „abklopfen". Der Umstand, dass die Beobachterin/der Beobachter ja nur das Verhalten dokumentieren kann, das das Kind tatsächlich in der konkreten Situation zeigt, birgt die Gefahr, dass Verhaltensweisen aus mangelnder Gelegenheit nicht gezeigt wurden.

Die Entwicklungstabelle bietet eine sehr gute Grundlage für eine individuelle Bildungsbegleitung des Kindes.

Entscheidet man sich für eine Arbeit mit der Entwicklungstabelle, steht allen Beteiligten eine aussagekräftige, fachlich differenzierte Grundlage für die Begleitung der Kinder auf ihrem persönlichen Bildungsweg zur Verfügung.

Weitere Informationen

Beller, E. K./Beller, S.: *Kuno Bellers Entwicklungstabelle*. 4. Auflage, Eigenverlag, 2004
Internet: www.beller-und-beller.de

3.6.3 Frühzeitiges Erkennen von Entwicklungsstörungen

Validierte Grenzsteine der Entwicklung

„Unter dem Titel ‚Validierte Grenzsteine der Entwicklung' hat Richard Michaelis als Hauptautor der ‚Grenzsteine' eine neue Fassung vorgelegt, die gegenüber ihren Vorgängern zwei wesentliche Veränderungen enthält:

- Erstens ist die Anzahl der Entwicklungsbereiche für die ersten fünf Lebensjahre von fünf auf sechs dadurch erweitert worden, dass neben der ‚sozialen Kompetenz' die ‚emotionale Kompetenz' gesondert behandelt wird.

- Zweitens ist das Instrument auf das sechste Lebensjahr erweitert worden, wobei die Entwicklungsbereiche noch einmal anders differenziert worden sind. Das sechste Lebensjahr erhält aus diesem Grund einen eigenen Bogen, der dieser veränderten Struktur Rechnung trägt.

> [...] *infans* hat die Kategorien der ‚Grenzsteine‘ in eine Form gebracht, die sie für den Gebrauch in der Kitapraxis handhabbar macht. [...]"
>
> *(Quelle: http://www.mbjs.brandenburg.de/media/lbm1.a.1231.de/Grenzsteine%20Theorie.pdf)*

Bei diesem Verfahren handelt es sich um ein Beobachtungsinstrument, um die Entwicklung der Kinder zu bestimmten Zeitpunkten (in einem bestimmten Alter) als „Blitzlichter" zu betrachten und evtl. vorhandene Entwicklungsauffälligkeiten rechtzeitig wahrzunehmen. Dabei wird hier nur eine Risikoeinschätzung vorgenommen und nicht die allgemeine Entwicklung beurteilt. Die Grenzsteine machen nur auf Kinder aufmerksam, die zum Erhebungszeitpunkt deutlich hinter einer durchschnittlichen Entwicklung liegen.

Einzelne Entwicklungsbereiche des Kindes werden zu bestimmten Zeitpunkten betrachtet und somit evtl. vorhandene Defizite erkannt.

Damit grenzt sich diese Methode klar von Entwicklungstabellen ab, die ein umfassendes, differenziertes Bild des kindlichen Entwicklungsprozesses liefern (vgl. Beller).

> *„Grenzsteine der Entwicklung sind Entwicklungsziele, die von etwa 90–95 % einer definierten Population gesunder Kinder bis zu einem bestimmten Alter erreicht worden sind. Die ausgewählten Grenzsteine sind unerlässliche Durchgangsstadien der kindlichen Entwicklung in den westlichen Zivilisationen. Nicht alle sind verbindlich für Kinder, die in anderen Teilen der Welt aufwachsen."*
>
> *(R. Michaelis: Validierte Grenzsteine der Entwicklung, bearbeitet durch infans Berlin)*

Insgesamt geht es darum, die Entwicklung des Kindes **in sechs Entwicklungsbereichen zu genau definierten Zeitpunkten** zu betrachten und Defizite als Warnsignale in der täglichen Arbeit mit dem Kind sowie der Zusammenarbeit mit den Eltern (Hinweis auf eine differenzierte Entwicklungsdiagnostik) zu nutzen.

Folgende Bereiche der Entwicklung werden berücksichtigt:
- emotionale Kompetenz
- kognitive Entwicklung
- soziale Kompetenz
- Körpermotorik
- Spracherwerb
- Hand-Finger-Motorik

Genutzt werden kann dieses Instrument für Kinder im Alter von sechs Monaten bis sechs Jahren.

Wie funktioniert das?

Die zeitliche Terminierung der einzelnen Erhebungen ist verbindlich festgelegt.

Wie bei den anderen vorgestellten Verfahren ist es auch hier wieder unerlässlich, dass die Erzieherin/der Erzieher sich mit den Inhalten der Entwicklungsbereiche und den Beobachtungsbögen vertraut macht. Die zeitliche Terminierung der einzelnen Erhebungen ist festgelegt und diese müssen jeweils unbedingt zeitnah (mit plus/minus 4 Wochen Abweichung) durchgeführt werden.

Es ergibt sich folgender Ablauf:

- Man legt die **Beobachtungstermine** für das einzelne Kind anhand der in einer Tabelle vorgegebenen Zeitpunkte fest. Ab dem zweiten Lebensjahr ist das jeweils der Geburtstag, vorher gibt es „Blitzlicher". Im ersten Lebensjahr wird mit drei Monaten, mit sechs Monaten, mit neun Monaten und am ersten Geburtstag beobachtet. Im zweiten Lebensjahr liegen die Termine auf dem 15., dem 18. Monat und dem zweiten Geburtstag.

- Zum entsprechenden Zeitpunkt werden für alle Entwicklungsbereiche die vom Kind erreichten Kompetenzen **beobachtet und angekreuzt**. Für jedes Alter des Kindes sind fünf bis zwölf Fragen mit „Ja" oder „Nein" zu beantworten. Durch die Standardisierung und Komprimierung der Inhalte ergibt sich ein geringer zeitlicher Aufwand für die Erhebung (ca. zehn Minuten).
Die Beobachtung sollte im Gruppenkontext, d. h. in einer natürlichen bzw. normalen Alltagssituation des Kindes erfolgen, um möglichst unverfälschte Ergebnisse zu erhalten. Eine oder mehrere mit „Nein" beantwortete Fragen können auf eine Entwicklungsverzögerung hindeuten, sodass die Rücksprache mit entsprechenden Fachkräften (z. B. Kinderarzt, Psychologe) im Gespräch mit den Eltern angeraten werden sollte.

- In einem weiteren Schritt werden die Beobachtungsergebnisse nun im Team besprochen sowie **pädagogische Konsequenzen** für die Arbeit mit dem einzelnen Kind abgeleitet. Darüber hinaus dienen die Ergebnisse als Basis für **Gespräche mit den Eltern**.

Validierte Grenzsteine der Entwicklung[1]

Stempel der Einrichtung	Name des Kindes		Datum der Erhebung	unauffällig ☐ auffällig ☐	Name der Erzieherin
	Geburtsdatum			unauffällig ☐ auffällig ☐	
	Junge ☐ Mädchen ☐			unauffällig ☐ auffällig ☐	
	Bemerkungen			unauffällig ☐ auffällig ☐	
				unauffällig ☐ auffällig ☐	
				unauffällig ☐ auffällig ☐	
				unauffällig ☐ auffällig ☐	

1. Bitte suchen Sie in der linken Spalte das zutreffende Alter des Kindes auf!
2. Beantworten Sie bitte die sechs Fragen der zugehörigen Zeile durch Ankreuzen von „ja" oder „nein"!
3. Wenn Sie eine oder mehrere Fragen mit „nein" beantwortet haben, kreuzen Sie „auffällig" an. Der Entwicklungsstand des Kindes sollte in diesem Fall vom Kinderarzt oder in der Frühförderstelle abgeklärt werden!

Alter des Kindes	Grenzsteine der Körpermotorik	ja	nein	Grenzsteine der Hand-Fingermotorik	ja	nein	Grenzsteine des Spracherwerbs	ja	nein	Grenzsteine der kognitiven Entwicklung	ja	nein	Grenzsteine der sozialen Kompetenz	ja	nein	Grenzsteine der emotionalen Kompetenz	ja	nein
...	• ...	☐ ja	☐ nein	• ...	☐ ja	☐ nein	• ...	☐ ja	☐ nein	• ...	☐ ja	☐ nein	• ...	☐ ja	☐ nein	• ...	☐ ja	☐ nein
Wenn das Kind **06 Monate** alt ist	• Symmetrische Rückenlage ohne konstante Asymetrien in Haltung und Bewegung des Rumpfes, der Extremitäten • Heben des Kopfes in Bauchlage und Nachschauen einem vor dem Gesichtsfeld bewegten Gegenstand, Abstützen auf Unterarme	☐ ja	☐ nein	• Transferieren eines kleinen Gegenstandes, Spielzeug in der Mittellinie von einer Hand in die andere, palmares*, radial betontes Greifen * palmar: Daumen und Finger in Gegenposition	☐ ja	☐ nein	• Spontanes, variationsreiches Vokalisieren (noch ohne deutliche und gezielte Lippenschluss-laute), für sich allein oder beim Ansprechen (Baby-Dialoge)	☐ ja	☐ nein	• Objekte/Spielzeuge werden in den Mund gesteckt, mit beiden Händen ergriffen, benagt, jedoch kaum schon gezielt betrachtet	☐ ja	☐ nein	• Kind hält Blickkontakt, lächelt auf vertraute und fremde Personen, die sich ihm nähern, es ansprechen, aber auch Versuch des Kindes, von sich aus Kontakt aufzunehmen	☐ ja	☐ nein	• Lachen, Lautieren, Blickkontakt, freudige Arm-Bein-Gesichtsbewegungen bei Ansprechen durch bekannte Personen	☐ ja	☐ nein

1 Die Tabelle stützt sich auf R. Michaelis und G. Niemann: Entwicklungsneurologie und Pädiatrie. Das Prinzip der essentiellen Grenzsteine. S. 62 ff. Stuttgart 1999. Neue Daten durch · Petermann, F., Stein, I. A. (2000): Entwicklungsdiagnostik mit dem ET 6–6. Swets Testservice, Swets u. Zeitlinger, Lisse, NL. · Michaelis, R. (2001): Tübinger Version (noch unpubliziert) · Lange, R. H. (1996): Babyjahre. Piper, München. Überarbeitet von *infans* 2003; version 1–03

Ein großer Vorteil der Arbeit mit den „validierten Grenzsteinen" liegt in der einfachen Handhabung dieses Instrumentes sowie in der klaren Struktur und damit in einem geringen zeitlichen Aufwand bei gleichzeitig gut nutzbaren Ergebnissen. Gerade der letzte Punkt ist ein nicht zu unterschätzender Pluspunkt in der angespannten Personalsituation in vielen Einrichtungen der Kindertagesbetreuung. Hier sind die Grenzsteine sicher eine praktikable Alternative zu zeitintensiveren Verfahren.

Die validierten Grenzsteine sind eine praktikable Alternative zu zeitintensiveren Verfahren.

Die vorgegebenen Fragebögen sind eine praktikable Form der Entwicklungseinschätzung bei einzelnen Kindern, aber auch zur regelmäßigen und systematischen Beobachtung aller Kinder. Dies kann in altersgemischten Gruppen zu einer recht komplexen Terminplanung führen.

Ein Nachteil, der in dieser klaren Struktur der Methode liegt, ist sicherlich die mangelnde zeitliche Flexibilität. Die Beobachtungen zu den jeweiligen Stichtagen dürfen nur minimal vorverlegt oder nachgeholt werden, da sonst die Vergleichswerte nicht mehr vorhanden sind. Das engt ein und ist im Einzelfall, z. B. aufgrund einer längeren Erkrankung eines Kindes oder einer Reise, nicht immer zu gewährleisten. In diesem Fall besteht die Möglichkeit einer früheren Einschätzung und ggf. einer Nachbeobachtung beim Auftreten einer oder mehrerer mit „Nein" beantworteter Fragen. Eine lückenlose Dokumentation ist also nicht unbedingt zu realisieren. Auch für differenzierte Erhebungen muss auf andere Instrumente zurückgegriffen werden.

Dennoch stellen die Grenzsteine einen guten Kompromiss zwischen systematischem Verfolgen des individuellen kindlichen Entwicklungsverlaufs auf der Basis gezielter Beobachtungen und praktikabler Zeitnutzung dar.

Weitere Informationen

Abrufbar über die Internetquelle: http://www.mbjs.brandenburg.de

Anregungen für die praktische Umsetzung

- Tauschen Sie sich aus, in welchen Bereichen der Arbeit Sie dokumentieren müssen bzw. wollen. Halten Sie dies in einer Tabelle fest.

- Erstellen Sie eine Übersicht über bisher in der Einrichtung genutzte Dokumentationsmaterialien und -formen.

- Klären Sie, mit welchen Sie zufrieden sind und mit welchen nicht.

- Informieren Sie sich auch in anderen Einrichtungen hierzu und tragen Sie die Ergebnisse zusammen.

- Überlegen Sie, ob Sie Ideen bzw. vorgestellte Methoden für Ihren bzw. den individuellen Bedarf der Kinder übernehmen können.

- Überprüfen Sie, ob die Ihnen vorliegenden Materialien genug Kriterien für die Beobachtung von Kindern unter drei Jahren beinhalten und damit für diese Altersgruppe sinnvoll nutzbar sind.

3.7 Präsentation von Ergebnissen

Offene Fragen

- Welche grundsätzlichen Formen unterscheidet man und wo liegen deren Vor- und Nachteile?

- Welche Präsentationsform für welches Thema?

- Gibt es Formen, die die Zielgruppe der unter Dreijährigen in besonderem Maße ansprechen und in die man die Kinder entsprechend gut einbinden kann?

- Was muss bei der Präsentation innerhalb der Einrichtung beachtet werden? Darf ich alles aushängen? Wie sieht es mit dem Datenschutz aus?

- Welche Punkte gilt es, bei einer öffentlichen Präsentation zu berücksichtigen?

- Ist alles möglich, wenn ich das Einverständnis der Eltern habe?

- Welche Chancen und Grenzen (auch für die Einrichtung) liegen in einer (teil-) öffentlichen Präsentation?

- Wie kann ich die Kinder in die Präsentation mit einbinden?

- Muss wirklich alles präsentiert werden (vom Sinn und Unsinn der „Ausstellungswut")?

- _____

- _____

- _____

Zeig mal her

Es ist immer das Gleiche: Am meisten Spaß macht es, etwas zu schaffen oder zu produzieren, wenn man das Produkt später auch jemandem zeigen kann.

> _Beispiel_
>
>
>
> _Tom (2;0) malt seit einer halben Stunde hoch konzentriert mit Wasserfarben. Mehrere Male musste bereits ein neues Blatt her, aber der Junge ließ nicht von seiner Tätigkeit ab. Er probierte verschiedene Farben und Techniken aus, holte sich Ideen bei der Betrachtung der aushängenden Bilder von anderen Kindern._
>
> _Dann ist das Kunstwerk fertig. Begeistert wird es der Gruppenerzieherin vorgeführt: „Guck mal, ein Hund." Die Erzieherin weiß das Gemälde zu würdigen, entdeckt die vielen Kleinigkeiten im Bild und fragt nach, wenn sie Einzelheiten nicht erkennen kann. Der Künstler gibt bereitwillig Auskunft und wächst sichtlich mit jeder interessierten Frage._
>
> _Nach und nach werden auch andere Kinder aufmerksam. Da gibt es wohl etwas Interessantes zu sehen. Auch sie staunen und fragen._

Schließlich hängt Tom das Bild mithilfe der Erzieherin im Flur auf, sodass es auch alle Eltern sehen können. Damit auch deutlich wird, von wem dieses Kunstwerk geschaffen wurde, bekommt es eine Signatur vom Künstler (eine leichte Assistenz durch die Erzieherin ist hierzu nötig). Sichtlich zufrieden mit sich und dem Vormittag hilft Tom beim Wegräumen der Malutensilien.

So wie Tom geht es jedem Menschen. Es macht Spaß, etwas zu tun, aber wirklich zufrieden kann man sein, wenn andere Interesse an den eigenen Arbeiten zeigen.

Das gilt in gleichem Maße für die Darstellung von Entwicklungsprozessen.

Für jede Situation gibt es die angemessene Präsentationsform – Sie haben die Wahl!

Nicht immer meint Präsentation, gleich die große, breite Öffentlichkeit einzuschalten. Eine Vorstellung in kleinem Rahmen erfüllt oftmals denselben Zweck und ist in der Regel auch deutlich praktikabler.

Grundsätzlich lassen sich klassische Präsentationsformen und kreative Umsetzungsideen unterscheiden.

Im Arbeitsfeld der frühkindlichen Betreuungseinrichtung sind folgende Präsentationsformen sicherlich die „Klassiker":

- Aushang, z. B. im Gruppenraum, im Besprechungszimmer, im Flur, am „Schwarzen Brett";

- Ausstellung im Rahmen einer einrichtungsinternen Veranstaltung, z. B. Elternabend;

- Sammlung im Ordner des Kindes. Diese Form der Aufbewahrung führt zu einer eher „intimen" Präsentation, z. B. bei der Betrachtung mit dem Kind selber oder mit den Eltern im Rahmen eines Entwicklungsgesprächs o. Ä.

Will man mit den Ergebnissen jedoch eine breitere Öffentlichkeit erreichen, so sind auch andere Formen der Präsentation vorstellbar:

- offene Ausstellung an verschiedenen Orten außerhalb der Einrichtung (z. B. Einkaufszentren),

- Filmaufführung mit unterschiedlichen Werken der Kinder in Videofilmformat,

- Fotostrecken.

Einzelne Beobachtungsprotokolle und andere Formen der Entwicklungsdokumentation können zu umfassenderen „Sammlungen" zusammengefasst werden, um dem Betrachter so ein facettenreicheres Bild vom Kind und dessen Entwicklung vermitteln zu können, z. B. als Portfoliomappen.

Portfolio

Portfolios sind individuelle, am Kind orientierte und vielfältige Entwicklungsdokumentationen (vgl. Anhang S. 102 „Gliederung einer Entwicklungsdokumentation"). Die Besonderheit besteht in der breit angelegten Sammlung, die je nach Art gemeinsam mit den Kindern und den Eltern erstellt wird. Dabei sollten folgende Themenbereiche berücksichtigt werden, um ein „rundes Bild" vom Kind zu erhalten:

- Kenntnisse über das Kind selber, z. B.:
  Wer bin ich? Was mache ich am liebsten? Wer sind meine Freunde? Was esse ich am liebsten?

- Kenntnisse über die individuelle kindliche Entwicklung, z. B.:
  Was habe ich gelernt? Was kann ich schon? Was möchte ich noch lernen?

- Kenntnisse über das kindliche Umfeld, z. B.:
  Wer gehört zu meiner Familie? Wie sieht meine Stadt aus? Wie leben die Menschen in meinem Heimatland? Wie wohne ich?

Portfolios zeichnen sich dadurch aus, dass sie viele Themenbereiche und Dokumentationsweisen berücksichtigen.

Ziele der Arbeit mit Portfolios:

- das Bewusstsein für die eigenen Lernprozesse fördern,

- eine Grundlage zur Reflexion mit dem Kind, den Eltern und im Team bieten,

- die Entwicklung neuer Lernziele auf der Basis bisheriger Beobachtungen ermöglichen.

Bestandteile eines Portfolios sind z. B.:

- Lerntagebücher

- Bildungs- und Lerngeschichten

- Produkte des Kindes (Bastelarbeiten, selbst gemalte Bilder usw.)

- notierte Kommentare und spontane Aussagen des Kindes

- Interview- und Gesprächsaufzeichnungen

- einfache Beobachtungsnotizen

- Fotografien

- evtl. Beiträge der Eltern

Man unterscheidet drei grundlegende Portfoliomodelle:

- **Lernportfolio**
  - ▶ Dieser Begriff bezeichnet eine Sammlung von Arbeiten des Kindes, anhand derer die individuelle Entwicklung und der Lernprozess deutlich werden. Ziel ist die Veranschaulichung des eigenen Lernfortschrittes für das Kind selber.
  - ▶ Bestandteile können sein: gemalte Bilder, Fotos, Bastelarbeiten, selbst ausgewählte Lerngeschichten usw.

Im Bereich der frühkindlichen Bildung und Betreuung steht das Lernportfolio im Mittelpunkt.

- **Präsentationsportfolio**
  - ▶ Ein Präsentationsportfolio bietet eine Auswahl von Dokumenten, die an andere, z. B. beim Einrichtungswechsel an die „neuen" Erzieherinnen/Erzieher oder beim Übergang in die Grundschule, unter Wahrung der rechtlichen Vorgaben (vgl. Kapitel 4.3 „Elternkooperation und rechtliche Aspekte"), weitergegeben werden.

▶ Bestandteile können sein: Aufzeichnungen systematischer Beobachtungen, Gesprächsprotokolle (z. B. von Entwicklungsgesprächen), Entwicklungsberichte, kommentierte Fotos oder Arbeiten des Kindes usw.

■ **Privates Portfolio**
    ▶ Private Portfolios sind Sammlungen von Aufzeichnungen über das Kind, die nicht öffentlich zugänglich sind.
    ▶ Dazu gehören: kurze Notizen und persönliche Einschätzungen des kindlichen Verhaltens als Grundlage für eine gründliche Reflexion im Team usw.

Anregungen für die praktische Umsetzung

Überlegen Sie gemeinsam im Team, mit welchen Präsentationsformen Sie bisher Erfahrungen gesammelt haben und wie diese ausgefallen sind.

Sammeln Sie Ideen und berücksichtigen Sie dabei den Aspekt der Öffentlichkeitsarbeit bzw. Werbung für Ihre Einrichtung.

Klären Sie, welche Bestimmungen zum Datenschutz Sie hierbei beachten müssen.

4 Umsetzung im Praxisalltag: Planung und Durchführung von Beobachtungs- und Dokumentationsprozessen

4   Umsetzung im Praxisalltag: Planung und Durchführung von Beobachtungs- und Dokumentationsprozessen

4.1   Vorbereitung und Planung

Offene Fragen

- Welche Aspekte muss ich bei der Planung von Beobachtungen beachten, auch um fehlerhafte Ergebnisse zu vermeiden oder ungünstige Rahmenbedingungen im Vorfeld zu minimieren?

- Mit welchen Schwierigkeiten in der Planung muss besonders in diesem Arbeitsfeld gerechnet werden?

- Welcher Abstimmungsbedarf ergibt sich daraus z. B. im Teamkontext?

- _____

- _____

- _____

Am Anfang war ...

Bevor Sie mit einer Beobachtung beginnen, ist es wichtig, die äußeren Rahmenbedingungen, sprich das „Beobachtungssetting", in Augenschein zu nehmen.

Gerade, wenn es sich um eine systematische Beobachtung handelt, sollten Sie versuchen, Störungen im Vorfeld zu vermeiden bzw. kontrollierbar zu machen.

Ein wichtiger Aspekt in diesem Zusammenhang sind außer den räumlichen Gegebenheiten, die, wie in Kapitel 3.5 erläutert, häufig zu Beeinträchtigungen im Ergebnis führen können, auch die zeitlichen Rahmenbedingungen.

Die Arbeitssituation in der Kindertagesbetreuung ist oft geprägt von Personalmangel und Zeitdruck.

Für eine sinnvolle Beobachtung brauchen Sie Zeitfenster!

Für eine sinnvolle Beobachtung brauchen Sie Zeitfenster, die es Ihnen erlauben, sich in ruhiger Atmosphäre auf ein einzelnes Kind – oder eine Kindergruppe – einzulassen.

Das ist schwierig, vor allem, da es Erzieherinnen und Erziehern oft nicht möglich ist, sich einfach aus dem Gruppengeschehen herauszulösen. Ganz konkret bedeutet das, dass die Kinder mit ihren Anliegen, Wünschen und Problemen auch auf Sie zukommen werden, wenn Sie mit einem Block etwas abseits der Gruppe sitzen und eine Lerngeschichte aufschreiben. In einer solchen Situation konzentriert und konsequent trotz so mancher Störung weiterzubeobachten, ist nicht einfach.

Bereits im Krippenalter kann man die kindliche Neugier nutzen und den Kindern erklären, was man gerade tut. Man kann sie einbeziehen in die Handlung und einzelne dokumentierte Beobachtungen vorlesen, um das Tun zu verdeutlichen und für das Kind zugänglich zu machen. Geschehen kann das z. B., indem Sie ein Zeichen vereinbaren, das anzeigt, wenn eine Erzieherin oder ein Erzieher gerade beobachtet. Denkbar sind z. B. ein Hut, ein Schal oder eine Brosche, die gleichsam als Hinweissignal wirken, damit alle Bescheid wissen. So können die Kinder Rücksicht nehmen oder nachfragen, je nach aktueller Interessenlage.

Nehmen Sie sich Zeit für eine sorgfältige Planung von Beobachtung und Dokumentation. Manchmal ist es sinnvoller, eine geplante Beobachtung zu verschieben, als diese trotz eines Personalengpasses „irgendwie" durchzuführen. Die Qualität der Ergebnisse, z. B. deren Genauigkeit, und die Zufriedenheit mit der eigenen Arbeit können leiden.

Beziehen Sie die Kinder in Ihr Tun als Beobachterin/ Beobachter ein und machen Sie dies mit einem kindgerechten Hinweissignal deutlich.

Seien Sie sich der grundlegenden Bedeutung von Beobachtung bewusst und versuchen Sie, in diesem Sinne zu handeln (vgl. Planungsraster als Kopiervorlage im Anhang S. 114).

Die Nutzung von Zeitressourcen innerhalb der Betreuungszeit bzw. die Schaffung „beobachtungsfreundlicher" Strukturen im Tages- und Wochenablauf sind wichtige Voraussetzungen für die Durchführung von Beobachtungen.

Im Team müssen verbindliche Zeitfenster festgelegt werden, die es den Kolleginnen und Kollegen ermöglichen, ihrer Beobachtungsaufgabe nachzukommen (vgl. Zeitraster mit unterschiedlichen Phasen als Kopiervorlage im Anhang S. 114).

Nachdem die Dokumentation stattgefunden hat und an einem festen Platz abgelegt wurde, ist es wichtig, die Ergebnisse im Rahmen eines Teamgespräches vorzustellen und zu diskutieren.

Hier ist Raum für den Austausch

- unterschiedlicher Vorerfahrungen mit dem Kind/der Gruppe,

- verschiedener Interpretationen und Bewertungsansätze,

- von Vorschlägen des Umgangs mit den Ergebnissen und für die Abstimmung weiterer Maßnahmen, z. B. weitere gezielte Beobachtungen, Gespräche mit dem Kind und den Eltern, pädagogische Anregung und Begleitung (vgl. Kapitel 5.1 „Bedeutung des Teams").

Tauschen Sie sich im Team über Ihre Erfahrungen aus, damit ermöglichen Sie eine Weiterentwicklung der gemeinsamen „Beobachtungskultur".

Anregungen für die praktische Umsetzung

Überlegen Sie gemeinsam im Team, wie Sie die Beobachtungssituation sinnvoll gestalten können.

Versuchen Sie, Zeitfenster zu identifizieren, in denen auch die personelle Lage eine konzentrierte Beobachtung und Dokumentation ermöglicht.

Legen Sie die Vorstellung und Auswertung von Beobachtungen als verbindlichen Tagesordnungspunkt in Teambesprechungen fest.

Klären Sie Verantwortlichkeiten für diesen Bereich der täglichen Arbeit.

4.2   Bildungsbereiche als Beobachtungsthemen

Offene Fragen

- Was haben die Bildungsbereiche mit Beobachtung zu tun?

- Wie kann ich die Struktur der Bildungspläne nutzen, um geplante Beobachtungen zu systematisieren?

- Welche Bildungsbereiche bieten sich als Beobachtungsthemen für den Bereich der unter Dreijährigen an? Welche sind hier von besonderer Bedeutung?

- _____

- _____

- _____

Wie lässt sich Bildung benennen und strukturieren?

Grundsätzlich ist es nicht immer notwendig, Beobachtungen an die Bildungsbereiche anzubinden. Häufig braucht es zunächst eine offene Form von Betrachtung, um eine Vorstellung davon zu erhalten, welche Themen die Kinder zum aktuellen Zeitpunkt besonders interessieren und betreffen.

Beobachtung erfolgt immer vor dem Hintergrund der eigenen Haltung zum Kind (vgl. auch Leitbild der Einrichtung) und bereits vorhandener Kenntnisse der Erzieherin/des Erziehers.

Beobachtung erfolgt immer vor dem Hintergrund der eigenen Haltung zum Kind und bereits vorhandener Kenntnisse der Erzieherin/des Erziehers – wo stehen Sie?

Folgende Bereiche bieten hierzu die Grundlage:

- **Kenntnisse zu entwicklungspsychologischen und neurobiologischen Prozessen**

Mit diesen Erkenntnissen ist außer dem Wissen um den idealtypischen Ablauf der kindlichen Entwicklung und um das Auftreten von Zeitfenstern für bestimmte Entwicklungsaufgaben auch das Verfügen über ein Handlungsrepertoire altersgerechter Bildungsangebote gemeint (vgl. Kapitel 5 „Auswertungen von Beobachtungsergebnissen und Konsequenzen für das konkrete pädagogische Handeln").

- **Kenntnisse zur Gruppendynamik und -pädagogik**

Es bedarf des Grundwissens zu gruppenspezifischen Abläufen und Möglichkeiten des Umgangs, um in der Beobachtungssituation wichtige Gegebenheiten zu erkennen und erfasstes Verhalten dann fachlich interpretieren zu können.

■ **Individuelle Kenntnisse über das einzelne Kind (auch familiäre Hintergründe, Interessen usw.)**

Bereits vorhandene Kenntnisse über das Kind erleichtern die Entscheidung für ein spezifisches Beoachtungsthema. In der Auswertung bzw. Beurteilung des kindlichen Verhaltens können Vorkenntnisse direkt genutzt und Beobachtungen entsprechend in einen Gesamtzusammenhang eingeordnet werden.

Die grundlegende Zielsetzung der Bildungspläne mit ihren verschiedenen Bereichen liegt darin, ein umfassendes Bild vom Kind und dessen Entwicklung zu erhalten sowie kindliche Themen und Lernwege zu erkennen und den individuellen Bildungsprozess der Kinder entsprechend anzuregen und zu begleiten.

Diese Ziele lassen sich durch eine detaillierte und gezielte Beobachtung mit anschließender sorgsamer Auswertung erreichen. Es erfolgt die Nutzung der Ergebnisse im Rahmen der frühpädagogischen Arbeit mit dem Kind und in der Zusammenarbeit mit den Eltern im Rahmen einer Erziehungspartnerschaft.

Rolle der Bildungspläne und Bildungsprogramme

Bildungspläne und -programme dienen als Hilfe, indem sie Orientierungspunkte für Beobachtungen setzen.

Darüber hinaus kann man anhand der Bildungsbereiche kontrollieren, ob man bei den Beobachtungen auch alle wichtigen Bereiche berücksichtigt hat. Dieser Aspekt ist wichtig, um wirklich das Ganze im Blick zu haben und eine ganzheitliche Sicht des Kindes zu verwirklichen.

Bundeslandspezifische Bildungspläne bieten Orientierungspunkte für Beobachtungen.

Zusätzlich können Bildungspläne Grundlage sein und Anregungen für folgende Bildungsangebote und pädagogische Begleitung des Kindes auf seinem individuellen Bildungsweg bieten.

In diesem Sinne ist es anregend, sich exemplarisch mit einigen Bildungsbereichen und deren Nutzung für die Beobachtung der unter Dreijährigen zu beschäftigen (vgl. Völkel, Fühlen, bewegen, sprechen und lernen – Meilensteine der Entwicklung bei Kleinstkindern, 2009).

Wie bereits im Kapitel 3.3 beschrieben, gibt es bei der Auswahl eines Beobachtungsthemas eine unendliche Fülle an Möglichkeiten. Je nach Kind und der individuellen Interessenlage sowie Lebenssituation bieten sich verschiedene Ansätze an.

Im pädagogischen Bereich sollte man sich bei der Themenauswahl zunächst einmal vom Kind selbst leiten lassen. Darüber hinaus gibt es die Möglichkeit, sich an Strukturen zu orientieren, die von außen vorgegeben sind.

Man sollte sich bei der Themenauswahl zunächst am Kind selbst orientieren.

Die Orientierung von frühkindlicher Bildung, Erziehung und Betreuung an bundeslandspezifischen Bildungsplänen und -programmen ist bereits in den meisten Einrichtungen zum Standard geworden. Wo Bildungspläne nicht verbindlich sind, wird ihre Verwendung als Arbeitsgrundlage mindestens empfohlen.

Aber nicht nur in der Planung und Durchführung von Angeboten für die Kinder können die Pläne hilfreich sein, auch im Bereich Beobachtung sprechen einige Argumente für ihre Nutzung:

Für den Einsatz von Bildungsplänen und -programmen gibt es gute Gründe.

- In vielen Einrichtungen werden regelmäßige Entwicklungsdokumentationen gefordert, die sich oft an den gültigen Bildungsplänen orientieren. Übernimmt man Teile dieser Systematik auch für die geplante Beobachtung, sind die Ergebnisse gut in die Bildungsdokumentationen der Kinder, z. B. in Portfolios, zu integrieren.

- Die Bildungspläne geben eine Struktur vor, die alle wichtigen Kompetenzbereiche abdeckt. Man kann sich an einem System orientieren. Eine gewisse Einheitlichkeit ist gegeben.

- Der ganzheitliche Anspruch einer frühkindlichen Pädagogik kann durch die Vielfalt der Bildungsbereiche zwar nicht vollständig, so wenigstens annähernd abgedeckt werden.

- Häufig enthalten Bildungspläne und -programme (vgl. Berliner Bildungsprogramm u. a.) Ideen für die Angebotsgestaltung, die den einzelnen Kompetenzbereichen zugeordnet sind. Diese lassen sich dann nach Auswertung der Beobachtungen als Ideenbörse nutzen.

Ganz klar ist, dass ein „entdeckendes Beobachten" die beste Form ist, ein Kind in seinen vielen Facetten kennenzulernen. Da dies aus vielen Gründen im Kitaalltag oft nicht in ausreichender Form möglich ist, bieten Bildungsbereiche Anhaltspunkte, um bestimmte zielgerichtete Beobachtungen durchführen zu können.

Eine Notwendigkeit hierzu kann sich z. B. auch bei bereits erkannten Entwicklungsverzögerungen oder Lernschwierigkeiten des Kindes ergeben.

Im Folgenden werden einige Kompetenzbereiche kurz exemplarisch für den Bereich der 0- bis 3-Jährigen vorgestellt und Ideen für Beobachtungsaufgaben genannt (vgl. auch Völkel, Fühlen, bewegen, sprechen und lernen – Meilensteine der Entwicklung bei Kleinstkindern, 2009).

Die Einteilung der Bildungsbereiche greift auf den gemeinsamen Rahmen der Länder für die frühe Bildung in Kindertageseinrichtungen (Beschluss der Jugendministerkonferenz vom 13./14.05.2004 und dem Beschluss der Kultusministerkonferenz vom 03./04.06.2004) zurück, der die Grundlage für die jeweiligen Bildungspläne der Länder bildete.

Danach sind sechs Bildungsbereiche zu unterscheiden:

- Sprache, Schrift und Kommunikation

- personale und soziale Entwicklung, Werteerziehung und religiöse Bildung

- Mathematik, Naturwissenschaft und (Informations-)Technik

- Musische Bildung und Umgang mit Medien

- Körper, Bewegung und Gesundheit

- Natur und kulturelle Umwelten

4.2.1 Sprache, Schrift und Kommunikation

Offene Fragen

- Wo und was kann ich in diesem Bereich beobachten und dokumentieren?

- _____

- _____

- _____

Sag mal, was du denkst ...

Die kognitive Entwicklung des Kindes ist sicherlich ein „Klassiker" in der frühpädagogischen Tradition – nicht zuletzt durch die Betonung kognitiver Leistungen in unserer Gesellschaft.

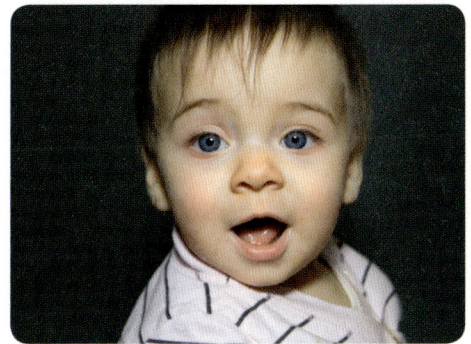

Wie oft fragen Eltern in Gesprächen mit der Erzieherin oder dem Erzieher: Was hat mein Kind gelernt? Was kann es Neues?

Besonders dem Bereich der Sprachentwicklung kommt eine Schlüsselrolle in der Arbeit mit 0- bis 3-Jährigen zu. Hierbei lassen sich die Aspekte Denken und Sprechen nicht trennscharf unterscheiden.

Dem Bereich der Sprachentwicklung kommt in der Arbeit mit 0- bis 3-Jährigen eine Schlüsselrolle zu.

Der Erwerb von Sprachkompetenz ermöglicht es dem Kind, mit seiner sozialen Umwelt, also den Menschen um es herum, in differenzierter Form in Kontakt zu treten. Verfügt man über Sprache, kann man Dinge benennen und sich so dem Gegenüber deutlicher verständlich machen.

Grundsätzlich gilt für jede Förderung, auch der Sprachförderung, die Forderung eines Lebensweltbezuges. Die Handlungen müssen für das Kind in seiner individuellen Situation sinnhaft sein.

Dies hat Einfluss auf die pädagogische Arbeit, die sich natürlich ganz anders gestaltet, ob ich mit einem einjährigen oder einem 2,5-jährigen Kind umgehe. Darüber hinaus bietet die Beobachtung der sprachlichen und allgemein der kognitiven Entwicklung die Möglichkeit, Ansätze zur Sprachförderung und zur anregenden Begleitung von Sprachentwicklungsprozessen zu initiieren.

Anregungen für die praktische Umsetzung

Überlegen Sie gemeinsam mit den Kolleginnen und Kollegen, ob Sprachförderung in Ihrer Einrichtung genug Raum einnimmt.

Klären Sie, ob es Kinder in den Gruppen gibt, die in einem Umfeld aufwachsen, das die Sprachentwicklung (besonders in Bezug auf den Erwerb der deutschen Sprache) hemmen oder stören könnte.

Erstellen Sie einen Maßnahmenkatalog zur Anregung der allgemeinen Sprachentwicklung in den Gruppen und zur Förderung einzelner Kinder bei Verdacht auf Entwicklungsdefiziten in diesem Bereich.

Nehmen Sie Kontakt zu Fachleuten in diesem Bereich auf, um bei Bedarf Ansprechpartner zu haben.

4.2.2 Personale und soziale Entwicklung, Werteerziehung und religiöse Bildung

Offene Fragen

- Wo und was kann ich in diesem Bereich beobachten und dokumentieren?

- _____

- _____

- _____

„Immer bin ich anders!"

Das Leben in der Kindertageseinrichtung spielt sich in der Hauptsache in Gruppen ab. Das bedeutet auch, dass soziales Miteinander geübt und gefordert wird.

Gerade dieser Aspekt ist eine besondere Stärke der institutionellen Kindertagesbetreuung. Hier haben die Kinder die soziale Anregung, vor allem auch durch Gleichaltrige und andere Kinder, die in den meisten (Klein-)Familien heutzutage fehlt.

Im Verlauf der ersten Jahre nimmt die soziale Entwicklung eine Schlüsselrolle ein. Das Kind tritt aus seiner Selbstbezogenheit der ersten Wochen zunehmend in den sozialen Austausch ein.

Das Kind tritt aus seiner Selbstbezogenheit der ersten Wochen zunehmend in den sozialen Austausch ein.

In der Interaktion mit anderen lernt das Kind soziale Verhaltensweisen und eigene Grenzen. Dies beinhaltet eine große Portion Selbsterfahrung, auch durch den Vergleich mit gleichaltrigen und nicht gleichaltrigen Spielkameraden:

- Ich erlebe mich als kompetent. Ich kann schon viel mehr alleine. (Selbstbestätigung)

- Ich möchte das auch können. Ich schaue mir Fähigkeiten ab und probiere sie aus. (Motivation zum Lernen)

- Ich kann das noch nicht. Das andere Kind ist viel schneller. Ich weiß, wie gut ich bin. (Realistische Selbsteinschätzung durch Vergleich)

- Ich kann das Spielzeug nicht bekommen, da ein anderes Kind schneller war. Wenn es fertig ist, bin ich dran. (Aushalten von negativen Erfahrungen, Umgang mit Konflikten lernen)

- Ich setze mich beim Essen zu den anderen Kindern an den Tisch und wir fangen gemeinsam an. (Umgang mit Regeln und Ritualen)

Über eine Stärkung der Persönlichkeit ist die Förderung aller Entwicklungsprozesse möglich (vgl. auch Völkel, Fühlen, bewegen, sprechen und lernen – Meilensteine der Entwicklung bei Kleinstkindern, 2009).

Soziales Lernen hat immer auch mit orientierenden Normen und Werten zu tun. Im frühkindlichen Bereich bezieht sich dies vor allem auf Regeln im Miteinander (z. B. wir schlagen den anderen nicht) und eine erste Auseinandersetzung der Kinder mit diesen Regeln sowie eine Positionierung dazu.

Jeder Lernprozess ist mit Gefühlen verbunden. Emotionen beeinflussen das Lernverhalten in vielfältiger Hinsicht.

Sie motivieren den Menschen zu einem bestimmten Verhalten (bei positiven Emotionen) oder sie hemmen das Auftreten von Verhalten. Aber auch das Wahrnehmen, der Umgang bzw. der Ausdruck von Emotionen sind Lernvorgänge, die im Verhalten des Kindes durch Beobachtung ablesbar sind.

Anregungen für die praktische Umsetzung

Überlegen Sie gemeinsam mit den Kolleginnen und Kollegen, wie die Entwicklung in den Bereichen Emotionalität und Sozialverhalten in Ihrer Einrichtung begleitet wird.

Sammeln Sie Beispiele für Beobachtungen, die Sie zu diesen Themen gemacht haben. Achten Sie auf die Ausgewogenheit von positiven und negativen Erfahrungsberichten.

Tauschen Sie sich darüber aus, wo Ihrer Meinung nach besonderer Handlungsbedarf bzw. Beobachtungsbedarf besteht.

Erstellen Sie einen Maßnahmenkatalog zur Anregung des sozialen Miteinanders in den Gruppen und zur Förderung der emotionalen Kompetenz der Kinder.

4.2.3 Mathematik, Naturwissenschaft und (Informations-)Technik

Offene Fragen

■ Wo und was kann ich in diesem Bereich beobachten und dokumentieren?

■ _____

■ _____

■ _____

Naturwissenschaftliche Phänomene üben einen besonderen Reiz aus.

Naturwissenschaftliche Phänomene sind spannend. Sie regen die kindliche Neugier an und haben oftmals schon alleine durch ihr Vorhandensein einen starken Aufforderungscharakter für die Kinder.

Wer könnte schon einem Zerrspiegel widerstehen und sich nicht darin betrachten?

Gerade der spielerische Umgang mit Mengen, Zahlen und geometrischen Formen ist schon bei den ganz Kleinen sehr beliebt (vgl. Montessori-Materialien). Äußeres strukturierendes Tun resultiert auch in einer inneren Strukturierung.

So fördern diese Spiele und Materialien über konkrete Erfahrung, Kategorienbildung auf einfacher Stufe, die kognitiven Entwicklungsprozesse.

Äußeres strukturierendes Tun resultiert auch in eine innere Strukturierung.

Auch in diesem Bildungsbereich ist es wichtig, von der kindlichen Lebenswelt auszugehen. Hierzu gehört zum Beispiel auch der Umgang mit technischen (Alltags-)Geräten, wie der elektrischen Zahnbürste o. Ä. Die Kompetenzen sollten nicht abstrakt, z. B. in Form einer Versuchsanordnung, sondern praktisch nutzbar sein, auch um die kindliche Lernmotivation anzuregen bzw. zu erhalten.

Anregungen für die praktische Umsetzung

Tauschen Sie sich im Team über die Realisierung dieses Bildungsbereiches in der Arbeit mit Krippenkindern aus: Welche Angebote werden gemacht? Welche Materialien sind vorhanden? Gibt es eine Mitarbeiterin/einen Mitarbeiter, die oder der sich für diesen Bereich besonders verantwortlich fühlt bzw. fortgebildet hat usw.?

Sensibilisieren Sie sich dafür, im Alltag Situationen zu erkennen, zu schaffen und zu fördern, in denen naturwissenschaftliche und technische Grunderfahrungen Thema sind.

Informieren Sie sich über Möglichkeiten, naturwissenschaftliche Angebote auch für unter Dreijährige umzusetzen.

Entwickeln Sie Ideen für eine Kooperation mit entsprechenden Einrichtungen, z.B. Sternwarte, Museum für Technik o.Ä. Viele dieser Institutionen bieten speziell auf verschiedene Altersgruppen abgestimmte Veranstaltungen an.

4.2.4 Musische Bildung und Umgang mit Medien

Offene Fragen

- Wo und was kann ich in diesem Bereich beobachten und dokumentieren?

- _____

- _____

- _____

Pünktchen, Pünktchen, Komma, Strich ...

Musisch kreative Bildung ist in vielen einzelnen Aspekten zu realisieren:

- Musik: musikalische Früherziehung, gemeinsames Singen, Bewegungslieder usw.

- Gestalten: Kneten, Malen mit unterschiedlichen Materialien, Anschauen von Bildern usw.

- Aber auch Rollenspiele, Verkleiden usw. gehören dazu.

Schon das unter dreijährige Kind wird so zu einem Teil der gemeinsamen Kultur und erlebt sich als kompetent und schöpferisch. Medienkompetenz ist für diese Zielgruppe ein eher unbedeutendes Thema.

Das unter dreijährige Kind als Teil der gemeinsamen Kultur

Kaum etwas ist faszinierender, als einem Kind beim konzentrierten Spiel zuzusehen. Ob sich ein Mensch auf eine Aktivität wirklich einlassen kann, hat in jedem Lebensalter viel damit zu tun, ob sie der Person Spaß und Freude bereitet. Unter anderem diese positiven Verstärker sind Motivatoren für Lernprozesse. Wir lernen leichter und ausdauernder, wenn eine Tätigkeit Spaß macht.

Beobachtet man Kinder im Alter von 0–3 Jahren, so ist die emotionale Reaktion auf ein Erlebnis zunächst am Verhalten, speziell der Mimik und entsprechender Lautäußerungen, sowie auch an der Dauer der wahrgenommenen Aktion zu erkennen.

Im Zuge der Sprachentwicklung kommt dieser Kommunikationsform eine verstärkte Bedeutung zu. Das Kind kann verbal mitteilen, ob ihm ein Spiel gefällt, bzw. seinen Unmut äußern, wenn dem nicht so ist.

Je nach Alter kann sich die Beobachtung auf entsprechende Ausdrucksformen richten.

Gerade in der Lebensphase von 0–3 Jahren spielt jedoch die Kreativität bei der Entwicklung der Säuglinge und Kleinkinder eine große Rolle. Kreativität ist notwendig, um individuelle Lernwege zu entwickeln.

Kreativität ist notwendig, um individuelle Lernwege zu entwickeln.

Die Erzieherin oder der Erzieher kann diese natürlich als Potenzial vorhandene Kreativität, die sich etwa aus der Neugierde auf die Welt und einem Drang, Dinge auszuprobieren, speist, durch anregende Gestaltung der belebten und unbelebten Umwelt unterstützen (vgl. Günter Ammonn, in: Becker-Textor, I.: Kreativität im Kindergarten – Anleitung zur kindgemäßen Intelligenzförderung im Kindergarten, 1988). Hierzu gehören insbesondere alle Dinge, die die Bewegungsmöglichkeiten fördern.

Kreativität lässt sich beim Kind in vielen Situationen beobachten:

- im Problemlösungsverhalten,

- im Spiel,

- in Konfliktsituationen,

- …

Die Beobachtung der Kinder im Hinblick auf deren kreative Potenziale eröffnet der Erzieherin/dem Erzieher den Zugriff auf eine kindgemäße Sicht der Welt.

Anregungen für die praktische Umsetzung

Überlegen Sie gemeinsam mit anderen Kolleginnen und Kollegen, in welchen Situationen sich die Beobachtung von kreativem Verhalten anbieten könnte.

Tauschen Sie sich darüber aus, wie Kreativität in Ihrer Einrichtung gefördert wird bzw. gefördert werden könnte. Berücksichtigen Sie dabei z. B. folgende Aspekte: Materialangebot, Raumgestaltung (Innenräume und Außenflächen), Tagesstruktur, Gruppenorganisation, Angebotsgestaltung …

4.2.5   Körper, Bewegung und Gesundheit

Offene Fragen

- Wo und was kann ich in diesem Bereich beobachten und dokumentieren?

- _____

- _____

- _____

Schritt für Schritt ...

Die körperliche und motorische Entwicklung der Kinder unter drei Jahren ist aufgrund der hohen Entwicklungsgeschwindigkeit in dieser Altersphase sehr facettenreich. Ein wichtiges Thema der Kinder in der Altersphase von 0–3 Jahren liegt in der körperlichen Entwicklung.

In der Altersspanne von null bis drei Jahren verläuft die Entwicklung in diesem Bildungsbereich sehr schnell und facettenreich.

Motorische Selbstständigkeit beginnt mit dem ersten Drehen, Krabbeln, Rollen des Kindes. Es erweitert nach und nach seinen Erfahrungsraum.

Im Spannungsfeld von Nähe und Distanz probiert es sich aus und erlebt die eigene Person. Dabei benötigt das Kind gleichzeitig die Sicherheit einer Bezugsperson und die Versicherung eines (jederzeit) verfügbaren Menschen.

Körperliche Entwicklung ermöglicht neue Erfahrungen und fördert die kognitive Entwicklung des Kindes. Genau dieses Wechselspiel ist ein vielfältiges Feld für gezielte Beobachtungen, um das „exploratives Verhalten" (Erkundung neuer Gebiete/Kontaktaufnahme zu neuen Gegenständen) und die Lernstrategien des Kindes zu erkennen.

Gerade kleine Kinder erleben und lernen über die unmittelbare körperliche (und Bewegungs-)Erfahrung. Diese Verknüpfung gilt es, mit gezielten und systematischen Beobachtungen und entsprechend abgestimmten Angeboten im Alltag mit den Kindern für eine Förderung aller Entwicklungsbereiche zu nutzen. Es bieten sich Kooperationsmodelle mit anderen Fachleuten (z. B. Sportpädagogen, Yoga-Lehrern o. Ä.) an.

Kleine Kinder erleben und lernen über die unmittelbare körperliche (und Bewegungs-) Erfahrung.

Anregungen für die praktische Umsetzung

Tauschen Sie sich im Rahmen einer Teambesprechung darüber aus, welchen Stellenwert motorische Entwicklungsangebote in Ihrer Einrichtung haben. Halten Sie die Angebote für ausreichend?

Erheben Sie, ob unter den Kolleginnen und Kollegen Fortbildungsbedarf zum Thema „motorische Entwicklung und Anregung" besteht, und überlegen Sie gemeinsam eine Umsetzung.

Denken Sie über eine Zusammenarbeit mit anderen Einrichtungen oder Fachkräften zu diesem Thema nach.

4.2.6   Natur und kulturelle Umwelten

Offene Fragen

- Wo und was kann ich in diesem Bereich beobachten und dokumentieren?
- _____
- _____
- _____

Umwelt – ich komme

Die Begegnung mit der Natur oder, umfassender gedacht, mit der natürlichen und kulturellen Umwelt ist für Kinder unter drei Jahren noch sehr unmittelbar. Ihr Erfahrungsraum hängt dabei stark vom Entwicklungsstand ab:

Der Erfahrungsraum von Kindern unter drei Jahren hängt stark vom Entwicklungsstand ab.

- Kinder, die sich noch nicht selbstständig fortbewegen können, sind auf Umwelterfahrungen eingeschränkt, die sich in ihrem Nahraum ergeben bzw. dort gestaltet werden.

- Kinder, die sich bereits krabbelnd fortbewegen, können „interessante" Objekte aufsuchen und haben somit einen erweiterten Erfahrungsraum, der allerdings bodennah ist.

- Kinder, die stehen und laufen, sind in der Lage, auch höher gelegene Objekte zu erreichen. Erfahrungen in Greifnähe, z.B. Tisch, Sträucher, Stuhl, werden möglich.

Außer dem körperlichen Entwicklungsstand spielt z.B. auch die Sprachkompetenz bei der Erweiterung des eigenen Erfahrungsraumes eine wichtige Rolle.

Auf der Grundlage des individuellen Entwicklungsstandes können die jeweiligen Erfahrungsräume anregend gestaltet werden, um den Kindern möglichst vielfältige Umwelterfahrungen in Natur und kulturellen Zusammenhängen zu ermöglichen.

Hierbei sind Erfahrungen in der Auseinandersetzung mit der Natur wichtiger als künstlich gestaltete Erfahrungen.

Anregungen für die praktische Umsetzung

Gehen Sie mit „den Augen eines Kindes unter drei Jahren" durch die Einrichtung sowie die Außenanlagen und überlegen Sie, welche Umwelterfahrungen sich dieser Zielgruppe in den einzelnen (Außen-)Räumen bieten. Berücksichtigen Sie hierbei bitte auch die unterschiedlichen Entwicklungsstände der Kinder.

Erfahrungen in der Auseinandersetzung mit der Natur sind wichtiger als „künstlich gestaltete Erfahrungen".

Reichern Sie Ihre Selbsterfahrung mit Beobachtungsergebnissen zu diesem Thema an.

Prüfen Sie den Tagesablauf kritisch auf Raum für unmittelbare Erfahrungen mit Natur und Kultur.

Leiten Sie aus den gewonnenen Erkenntnissen Konsequenzen für die Gestaltung der Räumlichkeiten, der Außenanlagen und des Materials ab bzw. sammeln Sie Ideen für ergänzende Angebote.

4.3 Elternkooperation und rechtliche Aspekte

Offene Fragen

- Welche Rolle spielt die Elternzusammenarbeit beim Thema Beobachtung?

- Welche rechtlichen Rahmenbedingungen muss ich bei der Beschreibung, Dokumentation, Präsentation und Archivierung/Weitergabe berücksichtigen?

- Was kann ich tun, wenn Eltern sich verweigern? Brauche ich für Beobachtungen grundsätzlich deren Zustimmung?

- Wie bekomme ich die Eltern „ins Boot"? Welche Formen der Zusammenarbeit lassen sich wie nutzen?

- Wie gehe ich vor, wenn ich den Verdacht auf eine kindliche Entwicklungsverzögerung habe?

- Gibt es spezifische Aspekte für die Arbeit mit unter Dreijährigen?

- _____

- _____

- _____

Ohne die Zusammenarbeit mit den Eltern geht es nicht

Als Erzieherin/Erzieher sind Sie im Hinblick auf die Wünsche und Bedürfnisse des Kindes auf den Austausch mit den Eltern angewiesen. Mit einer guten Kooperation ermöglichen Sie, dass Informationen über das Kind und dessen Verhalten in unter-

Eltern kennen ihr Kind am besten und verfügen über einen reichen Erfahrungsschatz.

schiedlichen Kontexten weitergegeben werden und dass diese Informationen in der Familie wie in der Einrichtung zu einer Verbesserung der Betreuung des Kindes beitragen können (genutzt werden können). Eltern kennen ihr Kind am besten und verfügen über einen reichen Erfahrungsschatz.

Kinder verhalten sich in unterschiedlichen Kontexten auf unterschiedliche Art und Weise. Dies ist auf viele Gründe zurückzuführen, u. a. auf Bindungsverhalten, ritualisierte Umgangsformen, äußere Rahmenbedingungen (vgl. Völkel, Fühlen, bewegen, sprechen und lernen – Meilensteine der Entwicklung bis 3, 2008).

> *Beispiel*
>
> *Ben (2;5) glänzt in der Krippengruppe mit vorbildlichen Tischmanieren. Er genießt es sichtlich, wenn die anderen Kinder versuchen, seinen perfekten Umgang mit Messer und Gabel nachzuahmen, oder wenn die Erzieherin ihn für seine Selbstständigkeit beim Essen lobt. Eines Tages wird Ben von seiner Mutter ungeplant bereits mittags abgeholt. Um die Essenssituation nicht zu stören, lugt die Mutter nur vorsichtig und von den anderen unbemerkt durch einen Türspalt in den Gruppenraum. Erstaunt beobachtet sie ihren Sohn und dessen Verhalten bei Tisch. In einem späteren Gespräch mit der Gruppenerzieherin wird deutlich, dass Ben in der Einrichtung eine viel größere Selbstständigkeit zeigt als zu Hause. Die Mutter berichtet davon, dass ihr Sohn ihre Fürsorge gerade auch in der Essenssituation genießt und zur Selbstständigkeit in diesem Bereich immer wieder angehalten werden muss.*

Dieses Beispiel verdeutlicht noch einmal die Bedeutung eines regelmäßigen Austausches zwischen Eltern und Mitarbeiterinnen und Mitarbeitern der Krippe, auch um für „erhellende Momente" aufseiten der Eltern zu sorgen.

In den frühen Entwicklungsphasen können Eltern als „Dolmetscher" in vielen Situationen hilfreich sein.

In der Betreuung von Kindern von 0–3 Jahren spielt die Kooperation mit den Eltern nicht zuletzt aufgrund der eingeschränkten sprachlichen Ausdrucksmöglichkeiten des Kindes eine besonders wichtige Rolle. Gerade in den frühen Entwicklungsphasen ist ein Elternteil als „Dolmetscher" in vielen Situationen hilfreich.

Ist die Sprachentwicklung weiter fortgeschritten, erhält die Erzieherin/der Erzieher viele Informationen im direkten Austausch mit dem Kind. Ist dies aus entwicklungsbedingten Gründen noch nicht gegeben, ist sie/er auf den Austausch mit den Eltern und die Beobachtung des kindlichen Verhaltens in unterschiedlichen Situationen angewiesen (vgl. Völkel, Fühlen, bewegen, sprechen und lernen – Meilensteine der Entwicklung bei Kleinstkindern, 2009).

Vertraulichkeit und Datenschutz –, was man wissen sollte

Aus rechtlicher Sicht ist es wichtig, mit den Eltern im Gespräch zu bleiben.

Aber nicht nur pädagogisch praktische Erwägungen sprechen für eine Zusammenarbeit mit den Eltern. Auch aus rechtlicher Sicht ist es wichtig, mit diesen im Gespräch zu bleiben. Grundsätzlich muss die Erzieherin/der Erzieher auch in Bezug auf Beobachtung darauf achten, dass die im Gesetz garantierten Persönlichkeitsrechte des Kindes gewahrt bleiben. Bei Kindern werden diese von den Eltern wahrgenommen.

Wenn Beobachtungsbeschreibungen angefertigt werden, sind die Bestimmungen des Datenschutzes unbedingt einzuhalten.

Gerade bei der Veröffentlichung von Beobachtungsergebnissen, auch wenn sie nicht nur ein einzelnes Kind, sondern z. B. eine Kleingruppe betreffen (z. B. Aushang von Lerngeschichten im Flur einer Kinderkrippe), sollten sich die Erzieherinnen und Erzieher das Einverständnis der Eltern für die Aufzeichnung und Verwertung, z. B. im Rahmen des Betreuungsvertrages einholen.

Außer personenbezogenen Daten des Kindes können auch die Eltern direkt von Dokumentationen betroffen sein, z. B. wenn das Kind über seine Mutter oder seinen Vater berichtet und dieses von der Erzieherin/dem Erzieher aufgezeichnet wird (vgl. Kapitel 4.3 „Elternkooperation und rechtliche Grundlagen"). Die Art der Dokumentation (schriftliche Aufzeichnungen, Foto, Film, Tonaufnahme usw.) spielt dabei keine Rolle (vgl. Kapitel 3.7 „Präsentation von Ergebnissen").

Stellen Sie die Vertraulichkeit von entwicklungsbezogenen Daten auch äußerlich sicher, indem Sie die Dokumentationen sicher verschließen und Unbefugten keinen Zugriff gewähren (vgl. Kapitel 5.2 „Übergänge zur Kita und Schule").

Informieren Sie sich zu den Bestimmungen des Datenschutzes!

Grundsätzlich sind im Vorfeld folgende Fragen zu klären:

■ **Mit welchen Daten gehe ich in meiner Arbeit eigentlich um?**

Eine der Aufgaben der Erzieherinnen und Erzieher in der Kindertagesbetreuung besteht in der fachlichen Beobachtung der Kinder (vgl. „Bildungspläne und -programme", S. 65). Nur auf dieser Grundlage ist eine individuelle Bildungs-, Betreuungs- und Erziehungsarbeit überhaupt zu realisieren.

Außer den Daten aus Entwicklungsscreenings (Test-/Prüfverfahren), die selbstverständlich in individualisierter Form vorliegen müssen und unter den Bereich der sensiblen Daten, die besonders zu schützen sind, fallen, gibt es auch Formen der beschreibenden Dokumentation (z. B. die einzelnen Bögen im Portfolio), deren Zugänglichkeit für die Kinder auch pädagogisch sinnvoll ist.

■ **Wie gehen wir mit den Unterlagen im Portfolio um, die dem Kind jederzeit zugänglich sein sollen?**

In den im Gruppenraum zur Einsicht durch das Kind aufbewahrten Portfoliomappen kommen zur Wahrung der Datenschutzbestimmungen keine Entwicklungsscreenings oder andere sensible Daten vor.

Da die Bestandteile der Mappen den Kindern und Eltern gehören, besteht die Möglichkeit, sich von den Eltern stellvertretend für die Kinder eine Erlaubnis für die Aufbewahrung im Gruppenraum erteilen zu lassen.

In einem extra Ordner im verschlossenen Schrank werden dann die entwicklungsbezogenen Daten des Kindes sicher vor unbefugten Zugriffen bewahrt.

■ **Wozu brauche ich die Informationen (vgl. Kapitel 3.2 „Gründe und Ziele")?**

Allgemein lässt sich die Frage nach der Notwendigkeit einer Beobachtung des Kindes zur Verbesserung von Betreuung und Bildungsangebot sicherlich gut beantworten. Dennoch ist die Zielklärung im Vorfeld wichtig, nicht zuletzt, um Eltern Auskunft geben zu können.

Ist das Ziel erreicht oder entfällt der Grund der Erhebung, z.B., weil das Kind die Einrichtung verlässt und in eine andere Stadt umzieht, dann sollte eine Weitergabe der Daten an die Eltern oder eine Vernichtung der Daten erfolgen. Damit wird auch potenziellem Missbrauch vorgebeugt.

■ **Wie kann die Forderung der Vertraulichkeit sichergestellt werden?**

Grundsätzlich gilt für personenbezogene und personenbeziehbare Daten, die besonders sensibel sind, eine Beschränkung bei der Erhebung, Speicherung und Weitergabe an Dritte.

Beobachten Sie grundsätzlich mit der „stärkenorientierten" Brille!

Bei diesen Informationen über das Kind handelt es sich z.B. um Informationen über Krankheiten, Leistungen, defizitäres Verhalten.

Wird defizitorientiert beobachtet oder werden kindliche Defizite dokumentiert, ist die Gefahr einer Diskriminierung oder grundsätzlich negativer Folgen für das betroffene Kind bei Bekanntwerden der Informationen hoch. Also soll grundsätzlich ein ressourcen- und kompetenzorientierter Blick eingenommen werden.

■ **Werden die Eltern in ausreichendem Maße in den Prozess der Datenerhebung und -weiterverwendung einbezogen?**

Die Eltern fungieren als Stellvertreter ihrer Kinder in Bezug auf deren Persönlichkeitsrechte.

Dies beinhaltet auch, dass die Eltern über alle Datenerhebungen in Zusammenhang mit ihren Kindern informiert werden und ihre Zustimmung Voraussetzung für die Erhebung sowie der Veröffentlichung dieser Daten ist. Darüber hinaus entscheiden sie, was mit den Daten passiert bzw. wie sie genutzt werden.

Die Eltern sollten immer sowohl die Möglichkeit zur Einsichtnahme in die Dokumentation als auch zu einer Stellungnahme haben. Machen Sie aus der Datenerhebung und -verwendung kein Geheimnis, sondern fordern Sie die Eltern zu einer aktiven Mitarbeit in diesem Bereich auf.

Wie setze ich eine gute und verlässliche Zusammenarbeit mit den Eltern um?

Fordern Sie die Eltern zu einer aktiven Mitarbeit in diesem Bereich auf!

Um dies sicherzustellen, ist es unverzichtbar, mit den Eltern vom Aufnahmegespräch an einen regelmäßigen Austausch zu pflegen. In der Praxis zeigt sich, dass die Initiative hier oft von den Mitarbeiterinnen der Einrichtung ausgehen muss und feste Strukturen für einen regelmäßigen Austausch hilfreich sind.

Folgende Möglichkeiten der Kommunikation bieten sich an:

■ Bewerbungs-/Aufnahmegespräch

Spätestens mit Aufnahme in die Einrichtung ist es wichtig, mit den Eltern über die Bedeutung der Beobachtung für die pädagogische Arbeit im Krippenbereich zu sprechen. Da die Eltern sich eine gute und individuelle Betreuung ihres Kindes wünschen, ist es in der Regel kein Problem, diese „mit ins Boot zu bekommen". Verdeutlichen Sie die Bedeutung von dokumentierter Beobachtung, indem Sie auf deren Verankerung in der Konzeption der Einrichtung hinweisen.

Auch zu rechtlichen Fragen sollten Sie informieren. Machen Sie den Eltern deutlich, wie wichtig ein regelmäßiger Austausch für alle Seiten ist, und ermutigen Sie diese zur aktiven Zusammenarbeit (zu kritischen Fragen usw.).

■ Regelmäßige Tür- und Angelgespräche

Abhol- und Bringesituationen bieten sich als Raum für einen Austausch an. Sie ermöglichen eine unproblematische Form des Gesprächs zu alltäglichen Ereignissen und Erfahrungen mit dem Kind. Diese Form der Kommunikation gilt als ein niedrigschwelliger Austausch.

Im Alltag der Kindertagesstätte sollten Sie trotz oftmals schwieriger personeller Bedingungen versuchen, diese Zeitfenster zu nutzen und bewusst in den Ablauf einzubauen.

Wichtig ist hierbei, dass die Eltern feste Ansprechpartner haben, um eine vertrauensvolle Beziehung aufbauen zu können. Außerdem sollten Sie nicht vergessen, nach elterlichen Wünschen zu fragen.

■ Elterncafé

Als offenes Angebot für alle Eltern bietet ein Elterncafé die Möglichkeit, sich spontan oder in festen Gruppen zu treffen und sich über vielfältige Themen auszutauschen. Daraus kann sich auch eine Öffnung der Einrichtung zum sozialräumlichen Umfeld ergeben, die Kita könnte sich als Treffpunkt für Eltern aus der näheren Umgebung etablieren.

■ Regelmäßige Entwicklungsgespräche

Für diese Form der Elternzusammenarbeit bilden die Beobachtungsdokumentationen eine gute Grundlage. Hier ist Raum für eine individuelle Betrachtung des Entwicklungsstandes des Kindes.

Der Blick sollte kompetenz-, nicht defizitorientiert sein. Entwicklungsgespräche sollten etwa zweimal im Jahr stattfinden.

In der Planung und Vorbereitung dieser Gespräche achten Sie auch darauf, eine ruhige und angenehme Atmosphäre zu schaffen (vgl. Checkliste für die Vorbereitung von Entwicklungsgesprächen, Zeitplanung sowie Vorbereitung von Räumlichkeiten im Anhang S. 125).

Um die Effizienz der Gespräche zu erhöhen, bietet es sich an, den Ablauf und die Themen im Vorfeld sorgfältig zu planen, jedoch immer auch auf spontane Anliegen der Eltern gefasst zu sein und diesen einen zeitlichen Rahmen zu bieten. Auch die Anwesenheit von zwei Erzieherinnen/Erziehern ist hilfreich, um möglicherweise auftauchenden Missverständnissen vorzubeugen.

Ergebnisse und Verabredungen mit den Eltern sollten in Form eines schriftlichen Protokolls fixiert werden, um daran bei späteren Gesprächen anknüpfen zu können und natürlich um diese in der täglichen Arbeit mit dem Kind nicht zu vergessen bzw. im Team zu kommunizieren (vgl. Raster für Gesprächsprotokoll im Anhang S. 126).

■ Übergangs- oder Abschlussgespräch

Nutzen Sie die vielfältigen Möglichkeiten einer Zusammenarbeit mit den Eltern und schaffen Sie für beide Seiten verbindliche Strukturen!

Gerade in Situationen, die einen Übergang des Kindes in eine andere oder weiterführende Einrichtung einleiten, ist es wichtig, die aktuelle kindliche Lebenslage durch die dokumentierten Beobachtungen im Gespräch mit den Eltern zu verdeutlichen.

Die Auswertung ergibt wichtige Erkenntnisse über die momentane Situation des Kindes, dessen Interessen und Themen sowie ggf. Hinweise auf Förderbedarf. Für die Eltern kann dies eine Hilfestellung z. B. bei der Auswahl einer geeigneten Kindertagesstätte oder Grundschule sein.

Nutzen Sie Ihre Beraterfunktion, um dem Kind eine bestmögliche Betreuung und Förderung zu eröffnen (vgl. Kapitel 5.2 „Übergänge zur Kita und Schule").

■ Elternabende/Elternsprechstunden

Elternabende zu allen Themen rund um die Beobachtung und Dokumentation bieten Gelegenheiten des Austausches mit mehreren Eltern und damit eine besondere Form der Offenheit.

Hier haben Eltern, die im Einzelgespräch nicht so klar Bedenken oder Ängste formulieren können, die Chance, von einer offenen Diskussion zu profitieren. Die Erzieherinnen und Erzieher haben die Gelegenheit, das zugrunde liegende Bild vom Kind sowie das Bildungsverständnis der Einrichtung zu verdeutlichen und Wünsche der Eltern zu erfahren.

■ Zusammenarbeit mit den Elternvertreterinnen und -vertretern

Gremienarbeit kann die Transparenz der Beobachtung und Dokumentation zusätzlich erhöhen.

In der Zusammenarbeit mit den Vertreterinnen und Vertretern der Elternschaft können z.B. Beobachtungsbögen erstellt oder ausgewählt werden, die allen Beteiligten sinnvoll erscheinen. Diese partizipatorische Vorgehensweise verhindert auch, dass sich Eltern von den Fachkräften „überfahren" oder schlecht informiert fühlen.

Nicht nur „gefühltes", sondern dokumentiertes Wissen weitergeben

Ein weiterer wichtiger Aspekt in der Kooperation mit Eltern in Bezug auf Beobachtungsprozesse ist die Absicherung vermuteter Entwicklungen beim Kind durch dokumentierte und verantwortungsvoll im Team ausgewertete Beobachtungen. Es ist sinnvoll, in Elterngesprächen nicht nur über Vermutungen, sondern über ganz konkrete Beobachtungen zu reden. Als Erzieherin/Erzieher festigt dies Ihre Position als Fachkraft in pädagogischen Fragen, auf dieser Grundlage ist mit den Eltern ein sachlicher Austausch möglich (vgl. Kapitel 5.1 „Bedeutung des Teams").

Es ist sinnvoll, in Elterngesprächen nicht nur über Vermutungen, sondern über ganz konkrete, dokumentierte Beobachtungen zu reden.

Beobachtung und Dokumentation sollten gemeinsame Aufgaben der Eltern und der Erzieher/-innen sein, da nur so ein ganzheitliches Bild vom Kind entstehen kann.

So haben beide Seiten etwas davon

Vorteile für die Eltern lassen sich dabei viele nennen:

Zunächst ist es für Eltern immer schön, etwas über ihr Kind zu erfahren. Sie sind stolz. Voraussetzung hierfür ist natürlich immer die klare Stärkenorientierung in den Beobachtungen.

Darüber hinaus ermöglichen die Gespräche mit den Erzieherinnen und Erziehern den Eltern eine Erweiterung des Bildes von ihrem Kind. Jedes Kind reagiert in unterschiedlichen Kontexten mit wechselnden Bezugspersonen verschieden und so ist es für die Eltern interessant zu erfahren, welches Verhalten ihr Kind während der Zeit in der Krippe, gerade auch in der Gruppe mit anderen Kindern zeigt.

Auf diese Weise erhalten sie auch einen Einblick in die Arbeit der Erzieher/-innen mit den Kindern und ihnen wird Gelegenheit zur Mitarbeit am pädagogischen Alltag in der Kinderkrippe gegeben.

Wenn es Schwierigkeiten gibt, haben die Eltern die Möglichkeit, dies im Austausch mit den Fachkräften frühzeitig zu erfahren und eigene Ideen zu entwickeln.

Nicht zuletzt ist eine Sammlung von Beobachtungen, z.B. in Form von Bildungs- und Lerngeschichten oder Bildern, ein schönes Anschauungsobjekt für die kindlichen Lernerfolge, die man später gebündelt betrachten oder an die man sich gemeinsam mit dem Kind erinnern kann.

Fügen Sie die einzelnen „Puzzleteile", die Sie über das Kind haben, zusammen.

Vorteile für die Erzieher/-innen liegen u.a. in folgenden Punkten:

Auch Sie können das Bild, das Sie sich vom Kind gemacht haben, im Gespräch mit den Eltern erweitern oder ggf. korrigieren. Sie erhalten Einblick in das häusliche Umfeld des Kindes und die pädagogische Haltung der Eltern.

Damit geht ein besseres Verständnis des kindlichen Verhaltens einher, wie bereits oben beschrieben.

Eine vertrauensvolle Beziehung zu den Eltern ist die Basis der erzieherischen Arbeit. Dabei ist es auch wichtig, den Eltern die Beziehung zwischen Erzieher/-in und Kind zu verdeutlichen.

Wenn Eltern in die Arbeit in der Einrichtung mit hineingenommen werden, dann wird ihnen die pädagogische Arbeit klarer, die dort geleistet wird. Diese Gespräche schaffen insgesamt ein Klima der Transparenz.

Anregungen für die praktische Umsetzung

Prüfen Sie, ob Sie in der Einrichtung alle rechtlichen Forderungen an den Umgang mit personenbezogenen bzw. personenbeziehbaren Daten erfüllen.

Klären Sie, ob alle Eltern über diese wichtigen Fragen informiert sind bzw. ob das Thema Datenschutz in der Konzeption bzw. im Betreuungsvertrag in ausreichendem Maße berücksichtigt wird.

Schließen Sie bei Bedarf weitere Maßnahmen an bzw. holen Sie sich rechtliche Beratung und Unterstützung.

Tauschen Sie sich im Team darüber aus, welche Formen der Elternzusammenarbeit in der Einrichtung praktiziert werden, wie diese gestaltet werden und welche Erfahrungen die einzelnen Erzieher/-innen damit gemacht haben. Befragen Sie hierzu auch Vertreter/-innen der Elternschaft.

Diskutieren Sie Möglichkeiten einer Erweiterung bzw. von Veränderungen in der bestehenden Kooperation mit den Eltern.

Erstellen Sie hierzu ggf. einen Ideen- und Maßnahmenkatalog.

4.4   Einbeziehung der Kinder(-Gruppe)

Offene Fragen

- Welche Rolle spielen die Kinder bei Beobachtungen?

- Welche Auswirkungen hat Beobachtung auf das betreffende Kind und die gesamte Gruppe? (Auch: Frage nach Befangenheit)

- Wie kann ich das einzelne Kind und die Kindergruppe in das Geschehen (Beobachtung, Dokumentation, Auswertung, Präsentation) mit einbeziehen?

- Warum ist es so wichtig, die Kinder auch bei diesem Thema zu beteiligen?

- Wie kann ich das Besondere der Beobachtungssituation zur Stärkung der kindlichen Persönlichkeit nutzen?

- Was kann man tun, wenn ein Kind nicht beobachtet werden will?

- Wie lassen sich Beobachtungsergebnisse in der pädagogischen Arbeit, z. B. in der Begleitung von Gruppenprozessen, nutzen?

- Welche kreativen und partizipatorischen Ideen gibt es für die Arbeit mit unter Dreijährigen?

- _____

- _____

- _____

Schreibst du ein Geheimnis?

Außer dem Dialog mit den Eltern ist natürlich die aktive Einbeziehung der Kinder in den Beobachtungsprozess sehr wichtig.

Bereits kleine Kinder kann man in das Tun der Erzieher/-innen hineinnehmen, indem man

- ihnen erklärt, was man gerade tut, und auf Fragen der Kinder offen und in einer kindgemäßen Weise antwortet;

- Kinder fragt, welche Beschäftigungen oder Dinge ihnen am wichtigsten sind, und sie so am Beobachtungsprozess beteiligt;

- die Kinder aktiv an der Gestaltung ihrer persönlichen Lerndokumentation beteiligt (vgl. Kapitel 3.6 „Dokumentationsverfahren", z. B. Portfolios).

Besonders wichtig ist die Einbeziehung des Kindes, das gerade im Mittelpunkt der Aufmerksamkeit der beobachtenden Erzieherin oder der Erziehers steht. Ist es dann nicht wirklich interessiert daran, so ist es wenigstens in entwicklungsangemessener Form informiert worden.

Grundsätzlich sollte auch der Dialog mit den Kindern über die Beobachtungen eine Selbstverständlichkeit sein.

Kinder sind Experten in eigener Sache

Beobachtung findet im Tätigkeitsfeld der Kindertagesbetreuung der 0- bis 3-Jährigen in der Regel im Gruppenkontext statt. Daher sind die Kinder, auch die, die gerade nicht beobachtet werden, immer in die Situation miteinbezogen. Dies gilt es, bei der Planung von Beobachtungen zu berücksichtigen.

Der Dialog mit den Kindern über Beobachtungen sollte eine Selbstverständlichkeit sein.

Aufgrund der besonderen Arbeitssituation wird oft auf die Form der teilnehmenden Beobachtung zurückgegriffen, z. B., um den Gruppenablauf nicht zu stören, personell für die Betreuungsarbeit nicht auszufallen oder eigene Erfahrungen als in die

Interaktion eingebundene Person nutzen zu können (vgl. Kapitel 3.4 „Formen der Beobachtung").

Gerade um im Kontext einer Kindergruppe beobachten zu können, bedarf es der Schulung der Wahrnehmungsfähigkeit und Beobachtungskompetenz der Erzieherin/des Erziehers durch Erfahrung und den fachlichen – ggf. interdisziplinären – Austausch mit anderen Mitarbeiterinnen und Mitarbeitern, speziell bei der Einschätzung von Entwicklungsständen und der daraus abgeleiteten Entwicklung angemessener Angebote.

Kinder sind wissbegierig und neugierig auf alles – besonders das, was die Großen tun, erscheint ihnen wichtig und spannend. Die Tätigkeiten der Erzieher/-innen werden vor allem von älteren Kindern nachgeahmt.

In der Altersgruppe der unter Dreijährigen stellt die Nachfrage zur beobachtenden Tätigkeit der Erzieherin/des Erziehers jedoch eher die Ausnahme dar. Krippenkinder sind oft deutlich interessierter an den Spielprozessen, in die sie einbezogen sind. Eine beobachtende Erzieherin/ein beobachtender Erzieher, die/der sich Notizen macht, fällt da nicht wirklich auf. Umso wichtiger ist hier der Hinweis auf eine gut funktionierende Zusammenarbeit mit den Eltern (vgl. Kapitel 4.3 „Elternkooperation und rechtliche Aspekte").

Anregungen für die praktische Umsetzung

Tauschen Sie Ihre Erfahrungen über die Reaktionen beobachteter Kinder aus und teilen Sie Beispiele mit, wie Sie als Erzieher/-in mit diesen umgegangen sind.

Überlegen Sie gemeinsam verschiedene Möglichkeiten des Umgangs und diskutieren Sie diese im Hinblick auf ihren pädagogischen Nutzen.

5 Auswertung von Beobachtungsergebnissen und Konsequenzen für das konkrete pädagogische Handeln

5 Auswertung von Beobachtungsergebnissen und Konsequenzen für das konkrete pädagogische Handeln

5.1 Bedeutung des Teams

Offene Fragen

- Warum ist der Austausch im Team gerade in der Arbeit mit den Krippenkindern so wichtig?

- Wie kann so eine Kooperation ablaufen? In welcher Phase des Beobachtungsprozesses ist welche Form der Zusammenarbeit sinnvoll?

- Was tun bei Konflikten und unterschiedlichen Auffassungen? (Frage nach den Zuständigkeiten: Wer hat die Verantwortung, wer entscheidet? Mentorensysteme, Ansprechpartner/-innen für die Eltern)

- Ist Beobachtung Leitungsaufgabe?

- Ist eine Einheitlichkeit sinnvoll und wie lässt sich diese im Rahmen von Beobachtungsabläufen im Team sichern?

- Was tun, wenn's im Team schwierig wird?

- _____

- _____

- _____

Alle für einen – einer für alle

Sie schaffen es nur als „Teamplayer" – nutzen Sie die Erfahrungen der anderen Kolleginnen und Kollegen!

Viele allgemeine Argumente sprechen für die Arbeit im Team:

- Der Austausch mit anderen Kolleginnen und Kollegen hält uns davon ab, uns in Fehlinterpretationen „festzubeißen" oder andere mögliche Erklärungsmuster zu übersehen.

- Das Team „zwingt" uns in einem positiven Sinne dazu, in Kommunikation mit anderen zu treten und uns mit unterschiedlichen Sichtweisen auseinanderzusetzen.

- Darüber hinaus kann das Team entlastend wirken, wenn Beobachtungen auf (pädagogischen) Handlungsbedarf hindeuten und man gemeinsam beraten und beschließen kann, was zu tun ist. Gemeinsam mit den anderen Mitarbeiterinnen und Mitarbeitern kann man das weitere Vorgehen planen, z. B. die Wiederholung der Beobachtung mit oder ohne Veränderungen in der Planung, die Einbeziehung von anderen Fachleuten zur interdisziplinären Zusammenarbeit.

- Unterschiedliche persönliche Erfahrungen und Hintergründe weiten den Blick, die „Treffsicherheit" einer Interpretation wird erhöht.

Let´s talk about ...

Es wird deutlich, wie eng die Beobachtung mit dem Gespräch verbunden ist. Eine dokumentierte Beobachtung/Situation verlangt immer nach einem Austausch möglicher Interpretationen. Über das Team der Einrichtung hinaus bieten sich als Austausch-/ Gesprächspartner/-innen z. B. Eltern, Kinder, Psychologen, Kinderärzte und andere Fachleute an.

So gut es geht – so geht es gut!

Grundsätzlich kann man jedoch feststellen, dass ein völliges Dem-Kind-Gerecht-werden nicht möglich ist. Im Verstehensprozess geht es vielmehr um die Annäherung an ein Kind in einem bestimmten Teilbereich zu einem bestimmten Zeitpunkt. Nicht mehr, aber auch nicht weniger.

Suchen Sie auch den Kontakt zu anderen Gesprächspartner/-innen. Schaffen Sie Kooperationsstrukturen!

Anregungen für die praktische Umsetzung

Überlegen Sie gemeinsam im Team, wie Sie die Auswertung von Beobachtungen optimieren können.

5.2 Übergänge zur Kita und Schule

Offene Fragen

- Was haben frühkindliche Entwicklungsprozesse mit dem Schulbeginn zu tun?

- Wie wichtig ist eine auf Langfristigkeit ausgerichtete Dokumentation für die einzelnen Bezugsgruppen (das Kind selber, die Eltern, die Erzieher/-innen, die künftigen pädagogischen Wegbegleiter/-innen des Kindes)?

- Was passiert mit den Entwicklungsdokumentationen, wenn die Kitazeit vorbei ist (vgl. Kapitel 4.3 „Elternkooperation und rechtliche Aspekte")?

- Darf ich die Dokumentation weitergeben – und an wen? Bedarf eine Weitergabe der Dokumentation der Einverständniserklärung der Eltern (vgl. Kapitel 4.3 „Elternkooperation und rechtliche Aspekte")?

- Wie gehe ich vor, wenn ein Kind die Gruppe oder Einrichtung aus anderen Gründen (z. B. Umzug) verlässt?

- Darf ich Aufzeichnungen vernichten? Wenn ja, wie lange müssen die Entwicklungsdokumentationen aufbewahrt werden?

- Darf ich die Aufzeichnungen bei „Übergabegesprächen" mit Lehrer/-innen oder anderen Erzieher/-innen hinzuziehen?

- _____

- _____

- _____

An der Schwelle ...

Das Kind unter drei Jahren, das zum ersten Mal eine Krippe betritt, steht am Anfang einer Reihe von spannenden Erfahrungen, neuen Möglichkeiten und Menschen sowie weiteren Übergangssituationen. Mit jedem Schritt in seiner Entwicklung sammelt es neue Erkenntnisse und fügt zu dem Buch seines „Großwerdens", das mit der Geburt begann, ein weiteres Kapitel hinzu.

Das Bild vom Buch – mit vielen Bänden – ist auch ein gutes Bild, um die Rolle der Bildungsdokumentation auf der Basis von Beobachtungen, Erlebnissen und Erfahrungen zu beschreiben.

Ein (Kinder-)Leben braucht Vergangenheit und Zukunft

Bildungsdokumentation basiert auf Beobachtungen, Erlebnissen und Erfahrungen und ist nie abgeschlossen.

In den ersten Monaten und Jahren seines Lebens schreiben die meisten Eltern bedeutsame Ereignisse und Entwicklungsschritte des Kindes auf, z. B. der erste Zahn, das erste Wort, erstes Umdrehen oder das erste Lächeln, das erste Fahrrad.

All das wird oft sehr liebevoll dokumentiert, um sich alleine oder mit anderen daran zu erinnern und das Kind, wenn es älter ist, an seiner frühen Entwicklung teilhaben zu lassen: „Schau nur, was du bereits alles gelernt hast!" Mit jedem Schritt öffnet sich der Erfahrungsbereich des Kindes ein wenig mehr.

Entwicklung ist individuell und strukturierbar: von mir aus in die Welt

Dieser Erkenntnis ist in den meisten Bildungsplänen durch die Abfolge der unterschiedlichen Entwicklungsbereiche Rechnung getragen worden:

Mit jedem Schritt erweitert sich der Erfahrungsbereich des Kindes um ein kleines Stück.

■ Das Kind in seiner eigenen Welt: Erkundung des eigenen Körpers, der eigenen Möglichkeiten:
  ▶ Wer bin ich? Was kann ich schon?

■ Das Kind in der Gemeinschaft: Einfinden in ein Miteinander, Kennenlernen der anderen/Kontaktaufnahme, Aushalten und Aushandeln, Ausdruck des eigenen Willens:
  ▶ Wie sind die anderen? Was bedeuten sie für mich?

■ Das Kind in der Welt: Kennenlernen des weiteren Umfelds/anderer Kulturen, Umgang mit Anderssein:
  ▶ Was gibt es noch? Wie finde ich das?

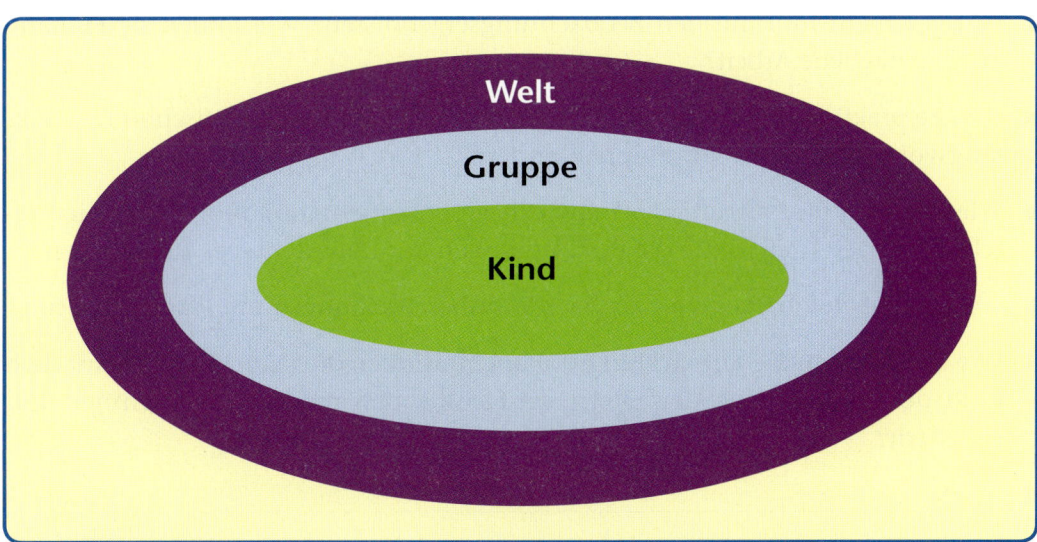

Vom Arm der Eltern in unbekanntes Land … – erste Schritte

Der erste Übergang ist für ein Kind in der Regel der Eintritt des Kindes aus der familiären Betreuung in eine (institutionelle) Betreuungseinrichtung.

In diesem Zusammenhang stellen sich, um herauszufinden, ob es eine gelungene Eingewöhnung war, z. B. folgende Fragen:

■ Welche Themen waren für das Kind in der Zeit der Eingewöhnung besonders wichtig?

■ Wo konnte es an vorhandene Erfahrungen im familiären Umfeld anknüpfen? Was war neu und ungewohnt?

■ Wie erfolgten die ersten Kontakte mit den anderen Kindern? Mit wem hat das Kind zuerst gespielt?

■ Welche Spiele hat es gewählt? Waren bestimmte Themen besonders beliebt?

Anregungen für die praktische Umsetzung

Betrachten Sie die bisher genutzte Dokumentationsform kritisch im Hinblick auf die Berücksichtigung des Aspektes „Durchgängigkeit von Bildungsbiografien". Werden aufeinander aufbauende Prozesse deutlich oder ist ein roter Faden erkennbar?

Klären Sie die Möglichkeit eines Austausches mit Mitarbeiterinnen und Mitarbeitern aus weiterführenden Einrichtungen und gleichen Sie die Vorstellungen zur Wichtigkeit einzelner Beobachtungsthemen ab.

5.3 Nutzung von Beobachtungsergebnissen

Offene Fragen

- Was geschieht nun mit den Beobachtungsergebnissen? Wie finden sie Eingang in die alltägliche Arbeit?

- Welche praktischen Handlungsideen ergeben sich aus den spezifischen Entwicklungsvoraussetzungen von Krippenkindern?

- Wie kann ich die Nutzung der Entwicklungsdokumentation möglichst „niedrigschwellig" gestalten, ohne die Bestimmungen des Datenschutzes zu verletzen?

- Was hat die Nutzbarkeit von Beobachtungsbeschreibungen mit Planung zu tun?

- Wie beeinflussen die Entwicklungsdokumentationen die tägliche Arbeit mit dem Kind, der Kindergruppe, den Eltern, der Familie, den anderen Erzieherinnen und Erziehern?

- _____

- _____

- _____

„Beobachtung ist kein Selbstzweck!"

Das wäre auch in Anbetracht der notwendigen (bereitzustellenden) zeitlichen und personellen Ressourcen, die eine gute Beobachtung und Dokumentation benötigen, problematisch.

„Beobachtung _darf_ kein Selbstzweck sein!"

Wie oft wird diese Forderung in der Alltagspraxis nicht realisiert. Zwischen pädagogischen Angeboten, dem Streitschlichten, Naseputzen, Puzzleteilesuchen, Trösten, spielerischen Anregungen, Gesprächen mit Eltern sowie Kolleginnen und Kollegen schaffen es viele Erzieher/-innen oftmals nur unter Schwierigkeiten, Zeitfenster für Beobachtungen „freizuräumen". Gelingt es dennoch, kindliches Verhalten zu beobachten und zu dokumentieren, landen die Aufzeichnungen nicht selten in irgendeinem Papierstapel und geraten allmählich in Vergessenheit.

Eine Möglichkeit zur Problemlösung besteht z. B. in der verbindlichen Festlegung eines Tagesordnungspunktes mit dem Titel „Aktuelle Beobachtungen" in den regelmäßig stattfindenden Teambesprechungen (vgl. Struktur einer Teamsitzung, S. 127).

Ohne verbindliche Vereinbarungen zur Beobachtung geht es nicht!

Praktische Folgen verantwortungsbewusster Beobachtungen

Aus der Beobachtung und deren verantwortungsvoller Auswertung und Interpretation müssen sich Konsequenzen für das pädagogische Handeln mit dem Kind ergeben.

Gehen wir von den vier grundlegenden Bereichen der Zielformulierung (vgl. Kapitel 3.2.2 „Ziele formulieren") für Beobachtungen aus, lassen sich daraus strukturiert Möglichkeiten für die praktische Umsetzung ableiten.

Beobachtungsergebnisse müssen sich im pädagogischen Handeln wieder finden!

Ziel: Beachtung und damit Würdigung des Kindes

Mögliche Konsequenzen in der Praxis:

- individuell ausgerichtete Spielgestaltung

- Angebote zur Einzel- und Gruppenbeschäftigung (Materialausstattung)

- Anregung des einzelnen Kindes zu Gruppenaktivitäten

- (Um-)Gestaltung der Innenräume und des Außenbereiches

- Bereitstellung verschiedener Materialien zur umfassenden Sinnesanregung

Ziel: Unterstützung, Erkennen von „Hilfebedarf" (Schutz, Trost, Anregung)

Mögliche Konsequenzen in der Praxis:

- persönlichkeits- bzw. entwicklungsstärkende Maßnahmen

- Bereitstellung und Einsatz von Materialien zur Förderung und Anregung (auch für Integrationskinder)

- Kontaktaufnahme und Austausch mit anderen Fachleuten (Logopäden, Psychologen usw.)

Ziel: Entwicklungsstand und Umgebungsbedingungen erkennen

Mögliche Konsequenzen in der Praxis:

- regelmäßige Gespräche mit den Eltern oder anderen Bezugspersonen

- Beratung von Angehörigen des Kindes zu unterschiedlichen Themen

- Angebot von Themenabenden für Eltern und Interessierte, z. B. zu aktuellen Erziehungsfragen oder entwicklungspsychologischen Themen

- Vermittlung von Kontakten zu Fachleuten und Anlaufstellen (z. B. zu Familienberatungs-/Suchtberatungsstellen, Kinderpsychologen, Jugendämtern)

Ziel: Gruppenstrukturen und Rollen des Kindes erkennen (auch Konflikte)

Mögliche Konsequenzen in der Praxis:

- Konzept zur Eingewöhnung (oder Überarbeitung eines vorhandenen Konzeptes)

- Angebot von Spielen mit gruppenstärkender und integrativer Ausrichtung

- Erweiterung des eigenen Handlungsrepertoires zur Konfliktbearbeitung mit verschiedenen Altersstufen (Fort- und Weiterbildung)

- Berücksichtigung der gruppenbezogenen Kenntnisse bei der Zusammenstellung der Kitagruppen

Unstrukturierte Beobachtungen erfüllen den wichtigen Zweck einer Hypothesenbildung!

Darüber hinaus dienen unstrukturierte Beobachtungen dem Zweck der Hypothesenbildung. Aufgrund von Beobachtungen ist es möglich, Vermutungen über das kindliche Verhalten bzw. über kindliches Erleben zu formulieren, die dann wiederum die Grundlage für weitere Beobachtungen bilden, sodass sich ein fortlaufender Prozess ergibt.

5.3.1 Gestaltung der Räumlichkeiten

Grundsätzlich gilt für die Raumgestaltung und Materialausstattung, dass sie sich an den verschiedenen Bedürfnissen der Kinder orientieren und in allen Situationen Sicherheit garantieren. Bedenken Sie, dass die Kinder sich hier wohlfühlen sollen und versuchen Sie, bei allen gestalterischen Bemühungen öfter die Sichtweise des Kindes einzunehmen.

Raumgestaltung und Materialauswahl müssen am Kind orientiert sein und den Sicherheitsstandards entsprechen.

Wichtig ist auch eine klare Strukturierung der Umgebung, um den Kindern die Eingewöhnung und Orientierung in der Gruppe/Einrichtung zu erleichtern. Hierzu kann auch gehören, dass einzelne Bereiche des Gruppenraums klar als z.B. Bauecke, Puppenecke oder Leseecke erkenn- und nutzbar sind.

Dennoch sollte die Raumeinteilung auch Rückzugsmöglichkeiten für das Kind vorsehen. Dieser Rückzug sollte durch z.B. zuziehbare Vorhänge auch von unter Dreijährigen einfach nutzbar sein.

Materialien und Spielzeug sollten offen zugänglich und übersichtlich verstaut sein, um dem Kind eine Auswahl zu ermöglichen und das spätere Aufräumen zu erleichtern. Für kleinere Kinder bietet sich die Aufbewahrung der Mal- und Tischspielmaterialien in der Nähe der Tische an, damit die Materialien nicht zu weit transportiert werden müssen.

Dekorationselemente machen Räume gemütlich und ermöglichen dem Kind z.B. durch das Aufhängen von Gruppenfotos oder „Schnappschüssen" aus dem Gruppenleben eine Identifizierung mit der „eigenen" Gruppe. Die Präsentation von Bildern und Bastelarbeiten der Kinder drückt die Wertschätzung dieser Werke durch die Erwachsenen aus.

5.3.2   Materialien und Spielgestaltung

Im diesem Bereich ist es wichtig, die Angebote auf das Alter des Kindes bzw. den individuellen (beobachteten) Entwicklungsstand abzustimmen. Alle Ausführungen an dieser Stelle können demnach nur Ideensammlungen sein, die es gilt, an die konkrete Situation des Kindes anzupassen. Die Beobachtung des individuellen Spielverhaltens ist unerlässlich, um dieses anregen und begleiten zu können.

Im ersten Lebensjahr geht es zunächst um das spielerische Entdecken von Objekten aller Art. Wichtig ist hier ein motivierendes Spielzeug und ein Materialangebot mit hohem Aufforderungscharakter, das vielfältige Erfahrungen möglich macht.

Angebote müssen altersgemäß und individuell entwicklungsbezogen sein.

Die Aufgabe der Erzieherin/des Erziehers besteht im Erkennen des momentanen kindlichen Interesses und der anregenden Begleitung (sprachlich, emotional) dieser ersten Weltaneignungsprozesse. Darüber hinaus macht sie/er Angebote als Spielpartner/-in.

Folgende Materialien eignen sich für den Einsatz:

- verschiedene Objekte aus unterschiedlichen Materialien, in vielen Formen und Farben, die zusätzliche Reize auslösen. Auch Quietschtiere, wegrollende Bälle, knisterndes Papier usw. sind interessante und anregende Spielmittel,

- Becher und Eimer zum Verstecken von Gegenständen sowie zum Aus-, Um- und Einräumen von kleinen Bällen, Steinen o. Ä.

Im zweiten und dritten Lebensjahr verändert sich das Spielverhalten des Kindes. Auf der Basis einer soliden Kompetenz im Umgang mit verschiedenen Spielmitteln und Materialien sowie unter Nutzung der enorm gestiegenen motorischen Möglichkeiten weiten die Kinder ihr Spiel in den Bereichen der Umwelterfahrungen und der Fantasie und Kreativität aus. Es sind soziale Spiele mit anderen Kindern zu beobachten, die sich mit konzentriertem Einzelspiel abwechseln.

- Puppen, Fingerpuppen usw. können das Fantasiespiel (mit anderen Kindern oder alleine) unterstützen und bereichern. Rollen werden ausprobiert und die Kreativität wird gefördert. Durch „Stellvertreter" wird der Ausdruck von Gefühlen unterstützt. Auch Verkleidungsmaterialien und Puppentheaterspiel regen die Fantasie und Kreativität an.

- Didaktische Materialien regen das Kind zur konzentrierten Beschäftigung an. Da sie häufig selbsterklärend sind, sind Hilfen durch die Erzieherin/den Erzieher meist nicht notwendig, was das Kind wiederum in seiner Selbstständigkeit bestärkt.

- Gestaltungsmaterialien, wie Sand, Wasser, Mehl, Kieselsteine, Knete, regen die Fantasie und Kreativität der Kinder an. Auch andere Baumaterialien, wie Klötze, Kartons usw., sind begehrte Spielmaterialien für einzelne Kinder und das gemeinsame Tun.

- Einfache Spielformen, wie z. B. Bewegungsspiele, Fingerspiele, bringen zusätzlich zur sprachlichen und motorischen Anregung Spaß und soziale Lernerfahrungen (z. B. Einhalten von Regeln).

■ Einfache Gesellschaftsspiele, wie Lotto, Quartett usw., werden altersgemäß immer selbstständiger beherrscht und genutzt.

Konkretisierung am Beispiel Sprache

Sprachliche Förderung und Begleitung stellen eine Querschnittsaufgabe in allem pädagogischen Handeln dar. Diese Aufgabe ist immer relevant und zieht sich durch alle Aufgabenbereiche im Krippenalltag. Denk- und Sprachprozesse lassen sich nicht voneinander trennen und beeinflussen sich gegenseitig.

Messen Sie der sprachlichen Begleitung eine besondere Bedeutung zu. Sie stellt eine Querschnittsaufgabe dar.

■ Sortier-, Ordnungs- und Vergleichsspiele unterstützen die kognitive Entwicklung des Kindes. Als Kategorien können Farben, Größen Geschmack, Lautstärke usw. genutzt und benannt werden. Der Fantasie sind keine Grenzen gesetzt. Auch viele einfache Gesellschaftsspiele arbeiten nach diesem Prinzip.

■ Alltägliche Handlungen werden mit Sprache begleitet. Beim An- und Ausziehen werden z. B. die Körperteile benannt und die Handlung an sich wird durch sprachliche Erläuterungen flankiert. Im Garten stellt die Erzieherin/der Erzieher die verschiedenen Pflanzen mit Namen/Bezeichnung vor.

■ Bewegungs- und Fingerspiele (auch das Spiel mit Handpuppen, szenisches Spiel o. Ä.) unterstützen die Sprachaneignung durch begleitende Texte. Auch Wortspiele sind bei älteren Krippenkindern sehr beliebt. Das Singen selbst und die rhythmische Anregung fördern die Entwicklung der Kinder in vielfältiger Weise (Konzentration, Sprachentwicklung, Aufmerksamkeit).

■ Rituale im Tageslauf haben sprachliche Ausdrucksformen, wie die Begrüßung und die Verabschiedung des Kindes oder das Wünschen eines guten Appetits vor den Mahlzeiten.

■ Betrachtung von Bilderbüchern alleine oder in der Gesellschaft von anderen Kindern bzw. der Erzieherin oder dem Erzieher ist eine sehr beliebte Beschäftigung. In vielen Büchern sind z. B. Suchbilder oder Assoziationsbilder enthalten, die die Aktivität der Kinder herausfordern und die Konzentration fördern.

■ Das Erzählen von Geschichten ist in diesem Zusammenhang mit sprachlicher Begleitung und Förderung sicherlich ein „Klassiker" und durch seine offene Form je nach Kind und Situation sehr gut abwandel- und kombinierbar.

6   Chancen und Grenzen der Beobachtung und Dokumentation im Bereich frühkindlicher Betreuung und Bildung

6   Chancen und Grenzen der Beobachtung und Dokumentation im Bereich frühkindlicher Betreuung und Bildung

Offene Fragen

- Wie kann ich beobachten, wenn ich dem Kind wirklich gerecht werden will?

- Ist das, was ich sehe, nicht sowieso immer meine eigene Wirklichkeitskonstruktion und wie viel hat die dann noch mit dem Kind zu tun?

- Bin ich nicht durch meinen pädagogischen Auftrag (Bildung, Erziehung, Betreuung) viel zu starr im Denken und Wahrnehmen, als dass ich offen beobachten könnte?

- Welche Rolle spielt meine Vorerfahrung/mein Vorwissen?

- Kann sich ein Erwachsener wirklich unvoreingenommen auf die Erfahrungswelt eines unter Dreijährigen einlassen und diese dann auch noch möglichst objektiv beschreiben?

- Bin ich mit der Aufgabe nicht eigentlich überfordert?

- Wie gehe ich mit der Vielfalt an Beobachtungs- und Dokumentationsformen um?

- Wie vermittle ich anderen Kolleginnen und Kollegen den Spaß an der (Pflicht-) Aufgabe Beobachten?

- Welche neuen Horizonte öffnen sich für mich durch die wahrnehmende Beobachtung? Wo kann Beobachtung den Arbeitsalltag erleichtern und optimieren?

- _____

- _____

- _____

Wie konstruiere ich meine Wirklichkeit? Was ist wirklich?

Wenn man kindliches Verhalten beobachtet und „zu Papier" bringt, wirken naturgemäß eigene Filter bei der Wahrnehmung und Einordnung mit.

Eine Frage, die sich aus dieser Tatsache ergibt, ist die nach der Verlässlichkeit von wahrnehmender, aber auch gezielter Beobachtung. Wenn das, was eine Erzieherin oder ein Erzieher sieht und notiert, nicht vergleichbar ist mit dem, was eine andere Erzieherin/ein anderer Erzieher festhält, die oder der die gleiche Szene betrachtet, wird es schwierig mit dem Schlussfolgern und den Konsequenzen für die alltägliche Arbeit.

Ist nicht das, was ich sehe, immer ein Ausdruck dessen, was ich zu sehen erwarte? Sozusagen eine selbsterfüllende Prophezeiung in bester pädagogischer Absicht?

Die Beobachtungen, die die Erzieherin oder der Erzieher dokumentiert, haben natürlich mit ihrer/seiner individuellen Situation zu tun (vgl. Kapitel 3.5 „Hinweise zu Rahmenbedingungen"). Selbstverständlich stellen Erzieher/innen ihre Art der Wahrnehmungsinterpretation dar. Aber nur darauf können wir in der pädagogischen Arbeit zurückgreifen – und das ist schon eine ganze Menge. Jede weitere Forderung hieße die Möglichkeit, „in den Kopf des Kindes zu schauen und seine Gefühlswelt eins zu eins zu erleben". Das kann weder sinnvoll noch in der letzten Konsequenz wirklich wünschenswert sein.

Es bleibt also bei der einer Außenschau kindlichen Erlebens und Erprobens. Die Erzieherin/der Erzieher zieht über den Umweg eigener Wahrnehmung Rückschlüsse auf das Kind und seine Wirklichkeitskonstruktion. Gerade die Unterschiede machen diesen Prozess so spannend und erhellend.

Rückschlüsse auf das Kind und seine Wirklichkeitskonstruktion ziehen

Auf den Blick auf das Kind kommt es an

Auf der Grundlage der eigenen Haltung gegenüber Kindern, auch gegenüber den ganz Kleinen, nehmen wir Dinge wahr oder auch nicht.

In der Beobachtung von Kindern ist es wichtig, diese als kompetent und aktiv zu sehen und nicht als „noch nicht fertiges Mängelwesen". Kinder gestalten ihre eigenen Lernprozesse und gewähren uns Erwachsenen durch Beobachtung einen Einblick in ihre individuellen Bildungswege. Möchten wir diese verstehen, müssen wir zugewandt und wertschätzend wahrnehmen.

Kinder gewähren uns mit den Beobachtungen Einblick in ihre individuellen Lebenswege – eine große Chance!

Die Aufgabe der Erzieherin und des Erziehers besteht nach der Einschätzung ihrer Beobachtungen darin, dem Kind Bildungsräume zu eröffnen, dessen Bildungsprozesse zu unterstützen und zu begleiten. Mit dem Ziel einer Weiterentwicklung ist es wichtig, das Kind bei der pädagogischen Beantwortung von Beobachtungsergebnissen zu fordern, jedoch nicht zu überfordern. Dazu müssen Erzieher/-innen versuchen, eine kindliche Perspektive einzunehmen.

Wo gibt's denn hier Beobachtungskompetenz?

Keine gute Beobachterin/kein guter Beobachter fällt vom Himmel. Auch zum Beobachten ist es wichtig, sich zunächst entsprechende Fachkenntnisse anzueignen bzw. bereits vorhandenes Wissen „aufzufrischen" oder zu erweitern.

Soll ein bestimmtes Beobachtungssystem genutzt werden, sollten die Erzieher/-innen damit vertraut gemacht werden und im Vorfeld einmal ausprobieren können. Nur, wenn man ein Verfahren einmal durchführt, kann man aufgrund dieser praktischen Erfahrungen einschätzen, wo die besonderen Stärken, aber auch evtl. Schwierigkeiten liegen.

Frischen Sie vorhandene Kenntnisse auf und erweitern Sie Ihre Kompetenzen!

Häufig entsteht dadurch ein Fortbildungsbedarf bei den Mitarbeiterinnen und Mitarbeitern, nicht nur zur Beobachtungsmethode selber, sondern auch zur Erweiterung grundlegender Kenntnisse, z. B. Entwicklungspsychologie ö. Ä.

Darüber hinaus ist es wichtig, auch in Beobachtungen eine gewisse Übung zu erlangen. „Learning by doing" hat auf einer soliden Wissensbasis zu kindlichen Lernprozessen seine Berechtigung, vor allem, wenn dieses von einem intensiven Austausch im Team begleitet wird. Auch die Beschreibung von beobachteten Situationen und Verhaltensweisen muss man üben, damit sie auswert- oder einschätzbar ist und für die weitere pädagogische Arbeit nutzbar wird.

Beobachten und Einschätzen geht nur gemeinsam

Kooperation ist ein zentraler Begriff in der pädagogischen Arbeit. Gemeint ist hier die Zusammenarbeit

- der Kolleginnen und Kollegen in der Gruppe bzw. in der Einrichtung,

- mit den Kindern und Eltern,

- mit anderen Einrichtungen und Fachleuten.

Legen Sie Zuständigkeiten und Verantwortlichkeiten für Beobachtungen im Team verbindlich fest!

Beobachtung ist eine Teamaufgabe. Dabei ist es wichtig, dass man sich unter den Kolleginnen und Kollegen auf Grundsätze einigt. Alle sollten „an einem Strang" ziehen. Dies erfordert klare Absprachen und die eindeutige Festlegung von Zuständigkeiten und Verantwortlichkeiten im Team. Selbst das strukturierteste Beobachtungssystem nutzt nichts, wenn es von den Kolleginnen und Kollegen nicht regelmäßig und fachlich korrekt durchgeführt wird. Das Benennen von Verantwortlichen kann verhindern, dass Termine zur Beobachtung und Auswertung in Vergessenheit geraten. Eine Präsentation von Beobachtungsergebnissen und Einschätzungen im „Großteam" der gesamten Einrichtung hilft, den Blick zu weiten und unterschiedliche Sichtweisen konstruktiv zu nutzen (vgl. auch Kapitel 5.1 „Bedeutung des Teams").

Kinder sollten in Beobachtungsprozessen im Mittelpunkt stehen, aber auch in der Einschätzung der wahrgenommenen Situationen und des erhobenen Verhaltens können die Kinder selbst der Erzieherin/dem Erzieher helfen, indem sie ergänzend ihre Sichtweisen weitergeben (vgl. Kapitel 4.4 „Einbeziehung der Kinder (-Gruppe)").

Den Austausch mit Kindern und Eltern nicht vergessen!

Darüber hinaus ist die Zusammenarbeit mit den Eltern aus einer Vielzahl von Gründen unerlässlich (vgl. Kapitel 4.3 „Elternkooperation und rechtliche Aspekte"). Dies muss zur Kultur in der Einrichtung werden und bis es so weit ist, braucht es viel Engagement der Mitarbeiter/-innen, um möglichst viele Eltern zur Kooperation zu motivieren.

Man hat sich in ein Beobachtungssystem eingearbeitet, im Großen und Ganzen läuft alles gut und was kommt jetzt? Auch, wenn man sich für ein Verfahren entschieden hat und dies seinen festen Platz in der Einrichtung hat, ist es wichtig, mit anderen Institutionen im Austausch zu bleiben. Dabei bieten Kooperationen mit Einrichtungen, die das gleiche Instrument nutzen, aber auch mit Einrichtungen, die einen anderen Weg gehen, ein gutes Forum zum Austausch. Man kann die eigenen Ansätze und Methoden gemeinsam reflektieren und langfristig weiterentwickeln.

Zum letzten Aspekt ist eine Kontaktaufnahme, z. B. zu den entsprechenden Instituten der (Fach-)Hochschule sinnvoll, vor allem, wenn wissenschaftliche Begleitung erforderlich ist.

Die Kooperation mit verschiedensten Fachleuten bei der Einschätzung von Beobachtungsergebnissen und bei einer pädagogischen Umsetzung, z. B. eine Kooperation mit Kinderärzten, Psychologen, Logopäden, Architekten (zur Spielraumgestaltung), Musikpädagogen usw., ergibt sich selbstverständlicherweise im Prozess und muss an dieser Stelle sicher nicht mehr betont werden.

Gucken Sie mal über den „Tellerrand".

Wichtig –, aber wann?

Guckt man sich in den Kindertageseinrichtungen für Kinder um, spricht man mit den Erzieherinnen und Erziehern, so wird schnell klar, dass alle Beteiligten die Notwendigkeit und Wichtigkeit von fachlich systematischer Beobachtung der Kinder anerkennen und entsprechend handeln möchten.

Aber gleichzeitig ist dies in vielen Einrichtungen nur unter Beschneidung von Zeitressourcen in anderen Tätigkeitsfeldern der Erzieher/-innen möglich. Eine sorgfältige Beobachtung und Auswertung braucht Zeit außerhalb des Einsatzes im Gruppenalltag, die in den Stundenbemessungen der Mitarbeiter/-innen nicht vorgesehen ist.

Zeit wird benötigt für

- eine angemessene Vorbereitung: Planung der Beobachtung, Klärung organisatorischer Fragen im Team usw.;

- eine Durchführung von Beobachtungen in ruhiger Atmosphäre, planbar durch eine ausreichende Personalausstattung;

- auswertende Gespräche mit den Kindern, Eltern, Kolleginnen/Kollegen und anderen Fachleuten;

- die Archivierung von Beoachtungsergebnissen, die Gestaltung von Bildungsdokumentationen und Präsentationen.

Ohne angemessene zeitliche Ressourcen für Erzieher/-innen geht es nicht!

Angesichts der zunehmenden Komplexität und Vielfältigkeit der Aufgaben einer Erzieherin/eines Erziehers, gerade im Bereich der Arbeit mit unter Dreijährigen, ist die Umsetzung der Forderung einer dieser Entwicklung im Arbeitsfeld angemessenen zeitlichen Ausstattung unverzichtbar, um Qualität in der Kindertagesbetreuung langfristig zu sichern.

7 Anhang

7   Anhang

7.1   Gliederung einer Entwicklungsdokumentation (Übersicht)

1. Allgemeine Vorbögen

    1.1. Betreuungsvertrag

    1.2. Protokoll des Aufnahmegesprächs bzw. der Notizen

    1.3. Übersicht wichtiger Namen, Anschriften und Telefonnummern: Eltern, Ärzte, sonstige Ansprechpartner und Notfallkontakte

2. Beobachtungsbögen, z.B. Kuno Beller (untergliedert nach Erhebungszeitpunkt) zu Bildungsbereichen

3. Protokolle der Entwicklungsgespräche bzw. Notizen

Im Ordner im Gruppenraum mit Zugriff durch das Kind

4. Portfoliobögen

5. Produkte (Datum nicht vergessen!)

6. Fotos

7.2 Kopiervorlagen zur Portfolioarbeit

Name: _____ **Datum:** _____

Das bin ich

Foto oder Zeichnung einkleben

7.2 Kopiervorlagen zur Portfolioarbeit

Name: _____   Datum: _____

Das ist meine Familie

● ● ● ● ● ● ● ● ● ● ●

Foto einkleben

Foto einkleben

Foto einkleben

Foto einkleben

7.2 Kopiervorlagen zur Portfolioarbeit

Name: _____   Datum: _____

Das esse ich am liebsten

• • • • • • • • • • •

Platz zum Malen

_____

_____

_____

_____

7.2 Kopiervorlagen zur Portfolioarbeit

Name: _____ Datum: _____

Mein Lieblingsspielzeug

Raum für Foto(s) und Bilder

_____

_____

_____

_____

7.2   Kopiervorlagen zur Portfolioarbeit

Name: _____   Datum: _____

Meine Freunde

Foto einkleben

Foto einkleben

Foto einkleben

Foto einkleben

7.2 Kopiervorlagen zur Portfolioarbeit

Name: _____ **Datum:** _____

Das macht mir Spaß

● ● ● ● ● ● ● ● ● ● ●

| Foto oder Zeichnung einkleben | Foto oder Zeichnung einkleben |

_____

_____

_____

| Foto oder Zeichnung einkleben | Foto oder Zeichnung einkleben |

_____

_____

7.2 Kopiervorlagen zur Portfolioarbeit

Name: _____ Datum: _____

Das mag ich gar nicht

● ● ● ● ● ● ● ● ● ●

Foto oder Zeichnung einkleben

_____
_____
_____

Foto oder Zeichnung einkleben

_____
_____
_____

7.2 Kopiervorlagen zur Portfolioarbeit

Name: _____ Datum: _____

Das ist meine Krippengruppe

Raum für Foto(s) und Bilder

_____

_____

7.2 Kopiervorlagen zur Portfolioarbeit

Name: _____ Datum: _____

Das kann ich schon

● ● ● ● ● ● ● ● ● ● ●

Foto oder Zeichnung einkleben

Foto oder Zeichnung einkleben

_____

_____

_____

_____

_____

7.3   Beispiel für einen offenen Beobachtungsbogen

Name des Kindes:

Beobachtungszeitpunkt:

1.

Alter:

2.

Beobachter/-in:

3.

Thema:

4.

Situationsbeschreibung:

Beobachtungsbeschreibung:

Eigene Einschätzung/Anmerkungen:

7.4 Checkliste zu Beobachtungsbedingungen

Klären Sie zu Beginn einer geplanten Beobachtung z. B. folgende Fragen:

1. Äußere Rahmenbedingungen

☐ Ist der Geräuschpegel in der Beobachtungssituation „erträglich"? Kann ich mich in ausreichender Weise konzentrieren?

☐ Reicht die Beleuchtung, um alles Relevante einer Situation zu erfassen?

☐ Habe ich ein ausreichend großes Zeitfenster, um die Beobachtung durchzuführen? (Dazu gehören außer der „reinen" Beobachtungssituation auch Zeitressourcen, um sich vorzubereiten und ggf. Zeit um Materialien o. Ä. nachher geordnet wegräumen zu können.)

Notizen:

_____

_____

_____

_____

2. Personenbezogene Rahmenbedingungen

☐ Bin ich aus dem Gruppengeschehen freigestellt, um zu beobachten?

☐ Weiß mein/e Kollege/-in über mein Vorhaben Bescheid?

☐ Habe ich mir überlegt, wie ich mit Ablenkungen (z. B. Nachfragen der Kinder) umgehe?

☐ Fühle ich mich heute in der Lage, zu beobachten? Habe ich ausreichend geschlafen und bin aufmerksam genug?

Notizen:

_____

_____

_____

_____

7.5 Planungsraster einer Beobachtung mit Leitfragen und Zeitschiene

Was?	Wer?	Erledigt
1. Vorbereitung der Beobachtung		
Wer ist für die Beobachtung zuständig? Verantwortlich:	Klärung im Team	
Wann soll die Beobachtung stattfinden? Termin:	Klärung im Team	
Wie viel Zeit wird für die Beobachtung benötigt? Dauer:	Verantwortliche/r Erzieher/-in	
Ist die Arbeit in der Gruppe gesichert? Ja/Nein: Maßnahmen:	Klärung im Team	
Ist die Beobachtung vorbereitet? (Information der Eltern/Kinder, Dokumentationsmaterial, Rahmenbedingungen usw.) Ja/Nein: Maßnahmen:	Verantwortliche/r Erzieher/-in	
2. Während der Durchführung		
Wurde alles Wichtige dokumentiert? Ja/Nein: Maßnahmen:	Verantwortliche/r Erzieher/-in	
3. Nach der Beobachtung		
Wann soll die Auswertung der Beobachtungsergebnisse im Team stattfinden? Termin:	Verantwortliche Erzieherin	
Wie kann ein solcher Austausch stattfinden?	Klärung im Team	
Wie und wann erfolgt der Erfahrungsaustausch zum Ablauf der Beobachtung (Planung, Rahmenbedingungen usw.)? Termin:	Klärung im Team	
Wann werden die Eltern über die Beobachtungsergebnisse im Rahmen eines Entwicklungsgesprächs informiert bzw. findet ein Austausch hierzu statt? Termin:	Verantwortliche/r Erzieher/-in	
Nach der Auswertung		
In welcher Form und wo werden die Dokumentationen abgelegt bzw. weitergeführt? Maßnahmen:	Klärung im Team	

7.6 Beispieltabelle zur Interpretation von beobachteten Verhaltensweisen

Was sehe ich? Welches Verhalten beobachte ich?	Was interpretiere ich? Was könnte das Verhalten bedeuten?	Welche anderen Interpretationsmöglichkeiten gibt es?
Das Kind spielt im Freispiel nur mit Bausteinen.	Z. B.: Es hat zu wenig Anregungen von außen.	Z. B.: Das Kind beschäftigt sich aufgrund einer momentanen Entwicklungsphase am liebsten mit Baumaterial. Das Kind hat zuhause keine Bausteine und findet diese in der Kita daher besonders spannend. ...
Das Kind schlägt in konflikthaften Situationen auf andere Kinder ein.	Z. B.: Es ist mit Konflikten in seinen sozialen Fähigkeiten überfordert.	Z. B.: Das Kind hat eine nicht offensichtliche körperliche Behinderung (z. B. eine Hörbehinderung) und das gezeigte Verhalten wird durch Unsicherheit und Überforderung ausgelöst. Das Kind erlebt in der Familie Gewalt als vornehmliche Konfliktlösungsstrategie und wendet dies auch selber an. ...

7.7 Beispiel der Beschreibung und Analyse einer beobachteten Situation nach dem Ansatz der Bildungs- und Lerngeschichten (Nils)

1) Beschreibung der Ausgangslage/Beobachtung

Nils begibt sich auf die Mitte der Holztreppe eines Holzhäuschens, das auf dem Spielplatz steht. Er hält inne und spricht mit anderen Kindern, die sich im oberen Teil des Holzhäuschens aufhalten. Dann läuft er durch den Sandkasten auf die Wiese hinter dem Holzhäuschen. Er nimmt sich einen Gummireifen und rollt ihn am Rand des Sandkastens entlang; zwischen Rasen und Sand auf einem Betonweg. Er rollt ihn in den Sandkasten hinein bis hin zur Treppe des Holzhäuschens und hebt ihn dann an. Er rollt ihn die Treppe hinauf, bis er auf der Hälfte des Weges kippt. Daraufhin schiebt er den Reifen nach oben, klettert hinterher. Er wartet kurz, bespricht etwas mit den Kindern, die im Holzhäuschen sitzen. Ein anderer Junge rollt einen Gummireifen über eine Metallrutsche hinunter, die vom Holzhäuschen abgeht. Er wartet und rollt dann seinen Reifen die Rutsche hinunter, als er oben angekommen ist. Im Anschluss rutscht er hinterher.

2) Analyse nach Lerndispositionen

Interessiert sein:

- Nils hat das Interesse, den Reifen die Rutsche hinunterzurollen sowie Teil des Spielgeschehens und der Gruppe zu sein.

Engagiert sein:

- Nils scheint ein bestimmtes Ziel zu verfolgen, das mit dem Reifen zu tun hat. Er beschäftigt sich ziemlich ausdauernd damit.

- Nils scheint zu prüfen, wie sich der Reifen auf unterschiedlichen Materialien verhält: Sand, Holz, in der Ebene, auf dem Boden, rollend, liegend ...

- Er zeigt Ausdauer, als der Reifen sich nicht vollständig die Treppe hochrollen lässt; er schiebt ihn dann weiter die Treppe hoch.

- Er hört den anderen Kindern aufmerksam zu.

Standhalten bei Herausforderungen und Schwierigkeiten:

- Nils ist geduldig und hat Ausdauer, z. B. als der Reifen sich nicht gleich die Holztreppe hochrollen lässt.

- Er überlegt und entscheidet sich für das Hochschieben des Reifens als weitere Variante, um an das Ziel zu kommen.

- Er bleibt bei dieser Variante ohne aufzugeben, obwohl es augenscheinlich schwerer zu sein scheint, den Reifen zu schieben anstatt zu rollen.

Sich ausdrücken und mitteilen:

- Man kann aufgrund der Beobachtungssituation nicht verstehen, was Nils sagt, aber er spricht gleich zu Beginn der Szene mit den anderen Kindern, die im Holzhäuschen sitzen.

- Er scheint ihnen aufmerksam zuzuhören, da er einige Zeit verharrt und in ihre Richtung schaut.

- Als er mit dem Reifen zum Holzhäuschen zurückkommt und ihn die Treppe hinaufschiebt, nimmt er wieder verbal Kontakt zu den anderen Kindern auf.

- Die Kinder scheinen auch nonverbal miteinander stark über die Handlung zu kommunizieren, da ein Junge vor Nils, genau wie er wenig später, seinen Reifen die Rutsche hinunter rollt: ⇨ Nachahmung?

An einer Lerngemeinschaft mitwirken und Verantwortung übernehmen:

- Man weiß nicht, was Nils zu den anderen Kindern sagt, aber man bekommt mit, dass die Kinder miteinander im Austausch über ihr Vorhaben stehen und dass Nils Verantwortung für sein Handeln übernimmt, indem er Strategien entwickelt, den Reifen zum Holzhäuschen zu bringen.

- Nils trifft dabei eigene Entscheidungen, z.B. welchen Weg er mit dem Reifen wählt und wie er ihn zum Holzhäuschen transportiert.

- Er gibt bei seinem Handeln Auskunft über sich oder sein Tun und bleibt während seiner Handlung im Kontakt mit den anderen, z.B. durch Augenkontakt, verbale Äußerungen, Momente, in denen er die anderen beobachtet/wahrnimmt und abwartet, wie sie handeln.

- Nils reagiert unmittelbar auf die Handlung eines anderen Kindes, das seinen Reifen die Rutsche hinunterrollen lässt ⇨ er schließt damit den Tätigkeitskreis der Gruppe.

7.8 Beispiel einer Bildungs- und Lerngeschichte in allen Phasen (Lara)

1) Beschreibung der Ausgangslage/Beobachtung

Lara läuft unter das Vordach und schaut sich um. Sie entdeckt in einem Regal eine Konstruktion. Sie äußert sich, dass sie diese nachbauen möchte. Sie geht zu einem Regal unter dem Vordach und holt sich eine Schnurspindel. Außerdem besorgt sie sich zwei Stöcke. Es ist ca. 11:15 Uhr und die Kinder spielen noch vor dem Mittagessen im Garten. Die beschriebene Szene wurde gefilmt und dauert 3:30 Minuten.

Auf der kleinen Bank, links neben Lara, liegt eine Schnurspindel. Lara geht zum Regal und sagt dabei: „Ich hol mir mal ne Schere!" Am Regal angekommen streckt sie ihre Arme hoch und holt sich aus dem obersten Regal aus einem Korb eine Schere. Dabei fällt etwas aus dem Korb auf den Boden. Sie dreht sich vom Regal weg und geht wieder zur Bank. Jedoch sieht sie sich dabei noch einmal um und schaut kurz zum heruntergefallenen Objekt auf den Boden. Sie geht weiter zur Bank. Dort angekommen beugt sie sich zur Schnurspindel herunter, die auf der kleinen Bank liegt. Sie nimmt das Ende der aufgewickelten Schnur in die linke Hand und versucht mit der Schere, die sie in der rechten Hand hält, ein Stück Schnur abzuschneiden. Ihr fällt dabei die Spindel auf den Boden. Sie hebt sie wieder auf und stellt sie auf die Bank. Die abgeschnittene Schnur schneidet Lara in zwei Teile. Der eine Teil fällt dabei auf den Boden. Sie lässt ihn liegen. Die Schere legt sie auf der Bank vor sich ab.

Auf dem Tisch stecken zwei Stöcke in einem größeren Abstand in der Lücke, die sich in der Mitte des Tisches befindet. Lara legt die Schere ab und geht mit der Schnur zum Tisch. Sie wickelt mit beiden Händen die Schnur um den von ihr aus linken Stock. Der Stock rutscht dabei aus der Lücke im Tisch. Lara legt den Stock auf den Tisch und versucht das eine Ende des Fadens mit der rechten Hand in die bereits konstruierte Fadenschlaufe zu schieben. Der Stock hebt sich dadurch ab und zu vom Untergrund ab.

Luis kommt an ihr vorbei und fragt: „Was macht Lara?" Lara antwortet leise in einem nicht vollständigen Satz: „Ich mache ..." Während dieser Tätigkeit steht Lara am Tisch. Ihre Augen sind die ganze Zeit auf den Stock und ihre Hände gerichtet. Sie setzt sich erst nach einer Weile und stützt sich mit beiden Ellenbogen auf dem Tisch ab. Sie sitzt dabei auf der äußersten Kante der Bank. Nach mehreren Versuchen gelingt es ihr, den Faden mit einem Knoten am Stock zu befestigen. Mit der linken Hand hält sie das eine Ende des Fadens fest. Der Stock schwebt für eine kurze Zeit in der Luft. Lara greift auch mit der rechten Hand den Faden und gleitet mit der Hand am Faden zum Stock herunter. Beide Hände halten für eine kurze Zeit den Stock fest. Dann lässt Lara mit der rechten Hand los. Mit der linken Hand versucht sie, den Stock in die Lücke zu drücken. Das gelingt ihr jedoch nicht. Sie nimmt die rechte Hand und die linke lässt los. Sie schafft es auch nicht mit der rechten Hand. Lara umfasst den Stock nun mit beiden Händen und drückt den Stock wieder in die Lücke. Während sie den Stock in die Lücke drückt, geht sie mit dem Oberkörper nach vorne und drückt mit einem Ruck. Nun steht der Stock in der Lücke und Lara lässt mit beiden Händen los. Sie nimmt den Faden mit der rechten Hand und wickelt ihn, nun auch mithilfe der linken Hand, locker um den anderen Stock.

Sie sagt zu Anna, die zum wiederholten Mal fragt: „Wo sind die Scheren?", „Guck mal, da oben sind welche!" Anna fragt weiter: „Wo sind die Scheren?" Lara antwortet wieder, aber etwas lauter: „Guck mal, da oben liegen welche!" Dabei wendet sie aber nicht ihren Blick von den Händen. Anna wiederholt wieder ihre Frage. Lara richtet den Blick auf Anna und steht schwungvoll auf. Dabei sagt sie mit erhobener Stimme zu Anna: „Du brauchst nicht die ganze Zeit rufen, wo die Scheren sind". Sie geht schnell und direkt zum Regal, nimmt eine Schere aus einem Korb, der im Regal steht, und legt die Schere geräuschvoll vor Anna auf die Bank. Danach geht Lara direkt zu ihrem Platz und setzt sich.

Sie nimmt sofort wieder das Ende des Fadens, der um den rechten Stock gewickelt ist, in die Hände und versucht, diesen fester um den Stock zu knoten. Sie umfasst dabei den linken Stock mit der linken Hand und den rechten Stock mit der rechten Hand. Sie zieht die beiden Stöcke auseinander, wodurch sich die Schnur spannt. Lara setzt sich aufrecht hin und steckt beide Hände in die Jackentasche. Dabei schaut sie auf ihr Bauwerk und sagt etwas Undeutliches. Ihren Blick richtet sie danach kurz in Richtung Kamera.

2) Analyse nach Lerndispositionen

Interessiert sein:
- Lara richtet ihren Blick auf eine Konstruktion, ihr Interesse ist es, dieses nachzubauen.

- Sie besorgt sich die Arbeitsmaterialien (Schere, Schnur und Stöcke) und legt diese für ihre Arbeit bereit.

Engagiert sein:
- Trotz mehrerer Kinder um sie herum ist ihr Blick auf die Arbeit gerichtet (besonders deutlich bei Anna).

- Konzentriert zeigt sie sich auch in ihrer erhöhten Körperspannung, z. B. gebeugter Oberkörper und der fortwährende Blick auf ihre Tätigkeit.

- Lara versucht verschiedene Varianten, um einen Knoten zu knüpfen.

- Sie überprüft ihr Arbeitsergebnis, legt Wert auf Funktionstüchtigkeit, z. B. hebt Stock an Schnur hoch, um zu prüfen, ob die Schnur fest ist.

Standhalten bei Herausforderungen und Schwierigkeiten:
- Sie bleibt ausdauernd bei der Sache und wird dabei nicht unruhig oder frustriert.

- Obwohl sie von Anna bei der Arbeit gestört wird und ihr hilft, kehrt sie sofort zu ihrer Arbeit zurück und nimmt die Tätigkeit nahtlos auf.

- Lara findet andere Lösungswege, z. B. nicht nur eine Hand, sondern zwei Hände zu benutzen oder verschiedene Knotenvarianten auszuprobieren.

Sich ausdrücken und mitteilen:
- Lara drückt ihre Gefühle verbal mithilfe der Intonation und Lautstärke aus. Sie will nicht in ihrer Arbeit gestört werden.

An Lerngemeinschaft mitwirken:
- Lara ist in keiner Lerngemeinschaft. Sie arbeitet für sich allein und will auch nicht gestört werden. Dies äußert sie auch verbal.

3) Kollegialer Austausch mit anderen Kolleginnen

- Es ist sehr bemerkenswert, wie konzentriert und ausdauernd sie spielt.

- Lara lässt sich nicht entmutigen und ist nicht frustriert, obwohl sie mehrere Versuche benötigt, um den Faden am Stock zu befestigen.

- Sie beschäftigt sich viel mit dem Bereich Konstruieren/Bauen, z. B. hat sie im Wald aus Baumstämmen ein Dach gebaut. Lara baut im Garten oft aus Materialien Häuser.

- Lara hat letzte Woche im Wald ein Haus für eine gefundene Schnecke gebaut.

- Sie hat Probleme, ihre Wut zu kontrollieren, und schlägt deshalb auch andere Kinder.

- Dieses Mal ist sie genervt von Anna, schlägt sie jedoch nicht, sondern hilft ihr.

- Die Lerndisposition „Lerngemeinschaft" ist wenig ausgeprägt, in mehreren Spielsequenzen ist dies sichtbar.

- Lara spielt mit den anderen Kindern, jedoch oft zieht sie sich im Spiel zurück und spielt ihr eigenes Spiel.

4) Ideen für weitere Schritte

- eine dickere Schnur hinlegen, aber trotzdem die dünne da lassen

- ihr noch anderes Werkzeug zur Verfügung stellen, z.B. Nägel und Hammer, jedoch unter Aufsicht

- mehr Konstruktionen in den Regalen zur Anregung ausstellen

- Bücher zur Verfügung stellen, die Häuser zeigen, evtl. auch, wie sie konstruiert werden

- Gemeinschaftswerk mit anderen Kindern anregen wie zusammen an einem Projekt arbeiten, z.B. Bauwerk

5) Eine Lerngeschichte für Lara

Liebe Lara,

letztens habe ich dich beobachtet, wie du im Regal etwas entdeckt und es nachgebaut hast. Du hast dir selbstständig Stöcke, Schere und Schnur geholt. Dann hast du dich an den Tisch gesetzt und angefangen zu arbeiten.

Du hast die beiden Stöcke in einem größeren Abstand in die Lücke im Tisch gesteckt. Diese Idee fand ich bemerkenswert, denn so hast du beide Hände frei gehabt und die Schnur um die Stöcke wickeln können. Du hast probiert die Schnur an dem linken Stock festzuknoten. Dies war gar nicht so einfach, da sie sehr dünn war. Du hast es aber sehr eifrig und ausdauernd mehrere Male versucht und dich nicht entmutigen lassen. Du hast es auch geschafft, einen Knoten zu machen. Dabei ist mir aufgefallen, dass du sehr geschickt mit deinen Händen arbeitest. Außerdem konnte ich sehen, dass du sehr sorgfältig arbeitest, denn du hast, nachdem du die Schnur an dem Stock verknotet hast, nur den Faden festgehalten und den Stock baumeln lassen. So konntest du kontrollieren, ob der Knoten hält.

Du hast dich während des Arbeitens nicht aus der Ruhe bringen lassen, auch als Anna wiederholte Male nach einer Schere fragte. Du hast ihr zwar eine Antwort gegeben, doch Anna hat trotzdem weiter gefragt. Ich habe gemerkt, dass dich das genervt hat. Toll fand ich, dass du ihr trotzdem geholfen hast. Du bist aufgestanden und hast die Schere geholt.

Du hast auch gleich danach weitergearbeitet und das andere Ende des Fadens mit dem rechten Stock verbunden. Dies war ebenfalls nicht so *einfach. Doch du hast es wieder geschafft. Am Ende hast du die Schnur straff gezogen, deine Hände in die Taschen gesteckt und dein Bauwerk betrachtet. Du hast die ganz Zeit konzentriert gearbeitet und dich nicht von deiner Arbeit abbringen lassen. Ich fand es sehr interessant, dir zuzuschauen.*

Birgit (Anm.: Kollegin) hat mir erzählt, dass du letzte Woche im Wald ein tolles Haus aus Moos für die gefundene Schnecke gebaut hast. Ich habe den Eindruck, dass dir das Bauen Spaß macht. Stimmt das?

Vielleicht hast du auch mal Lust, mit deinen Freunden ein neues Bauwerk zu entwickeln. Vielleicht könnt ihr euch dafür Ideen aus Büchern holen. Ich bin jedenfalls gespannt, was du in der nächsten Zeit alles bauen wirst.

Anja

7.9 Offene Beschreibung einer Beobachtung mit Analyse, Interpretation und pädagogischen Konsequenzen (Janina)

1) Beschreibung der Ausgangslage/Beobachtung

Beobachtet werden gleichaltrige Kinder, die an einer Art Hindernisparcours auf einem Spielplatz spielen.

Janina klettert an der Kletterwand hinauf. Sie gelangt an eine Hängebrücke aus Seilen, welche die Verbindung zwischen Kletterwand und Rutsche darstellt. Diese überquert sie und rutscht die Rutsche hinunter.

Hierbei stößt sie mit Carlo, der in diesem Moment versucht, an der Rutsche hinaufzuklettern, zusammen. Carlo beginnt zu weinen.

Janina entschuldigt sich bei Carlo und fährt mit ihrem Spiel fort, während Carlo von einem Erwachsenen belehrt wird, nicht die Rutsche hinaufzuklettern, um weitere Unfälle zu vermeiden.

Daraufhin versucht Carlo, ebenfalls über die Kletterwand zur Rutsche hinaufzugelangen, was ihm nicht gelingt. Er bittet Janina um Hilfe. Janina, die zwischenzeitig schon fünf Mal hinaufgeklettert ist, die Hängebrücke überquert hat und anschließend hinuntergerutscht ist, entgegnet Carlo: „Das musst du schon selbst schaffen."

2) Analyse des beobachteten Verhaltens

Die Beobachtung konzentriert sich auf zwei Kinder, die auf einem Spielplatz spielen. Das Spielverhalten weist sowohl bei Janina als auch bei Carlo Freiwilligkeit, Flexibilität, Intensität, ein hohes Maß an Konzentration und Spannung auf.

An Janina, der es gelingt den Hindernisparcours zu überwinden, kann eine Entwicklung von positiven Emotionen (Freude, Spaß, Mut, Unabhängigkeit) beobachtet werden, welche zu einem Gefühl des „Flows" (Das Kind ist im höchsten Maße motiviert. Körper und Geist arbeiten mühelos zusammen) und somit zu einer ständigen Wiederholung führen.

Carlo hingegen entwickelt dadurch, dass seine Bemühungen nicht gelingen, negative Emotionen (Entmutigung).

Er sucht Hilfe bei Janina, die ihm keine Unterstützung anbietet.

Auffällig hinsichtlich der Sprache ist, dass das hilfsbedürftige Kind sich eher durch „Kindersprache" und das andere Kind sich eher durch „Erwachsenensprache" artikuliert.

3) Interpretation

Durch die Exploration der Anlage an sich lernen die Kinder verschiedene Wege, um Hindernisse und Herausforderungen zu meistern sowie über ihre Grenzen hinauszugehen.

Aus der oben geschilderten Situation kann jedes der Kinder für sich zusätzlich individuelle Fähigkeiten erlernen. Dies hängt jedoch auch davon ab, ob und was für eine pädagogische Unterstützung geboten wird.

Es kann sein, dass das Handeln von Janina Erlebtes widerspiegelt.

Möglicherweise war sie selbst schon einmal in einer hilfsbedürftigen Situation und erhielt die Antwort, sie müsse es alleine schaffen.

Carlo hat eventuell bisher die Erfahrung gemacht, dass es hilfreich sein kann, einen anderen um Hilfe zu bitten, wenn er selbst keine Lösung findet.

4) Ideen für die weitere pädagogische Arbeit

Das Spiel- und Sozialverhalten kann durch pädagogische Unterstützung gefördert werden.

Carlo sollte Hilfestellung bekommen, um das Hindernis Schritt für Schritt zu überwinden.

Dies könnte sowohl durch kleine Tipps als auch durch geringe körperliche Hilfestellung geschehen (Hilfe zur Selbsthilfe).

Bei dieser Hilfestellung wäre es möglicherweise von Vorteil, Janina mit einzubeziehen.

Bei weiteren Beobachtungen von Carlo ist darauf zu achten, ob er sich in alltäglichen Abläufen zurechtfindet und fähig ist, „selbstständig" zu handeln bzw. Lösungswege zu finden.

Für Janina ist es wichtig, Sozialkompetenzen zu lernen und zu sehen, dass sie die Möglichkeit besitzt, einem anderen Kind zu helfen.

Dies könnte dadurch gefördert werden, dass sie sieht wie Carlo Hilfestellung erhält, mehr aber durch Einbeziehen in die Hilfestellung.

Zusätzlich könnten Gespräche und entsprechende Spiele zur Förderung der Sozialkompetenz beitragen.

7.10 Beispiel einer reflektierten und bearbeiteten offenen Beobachtung (Leon, 20 Monate)

1) Spielbeobachtung

Leon spielt auf dem Boden des Frühdienstraumes mit verschieden großen und farbigen Bechern. Als die Beobachtung beginnt, ist er gerade dabei, die Becher zu einem Turm aufeinanderzubauen. Er sitzt vor den Bechern und greift mit seiner rechten Hand nacheinander jeden einzelnen Becher. Den größten Becher wählt er als unteres Segment. Darauf setzt er fünf weitere Becher, nach der Größe der Durchmesser geordnet. Der kleinste Becher bildet die Turmspitze. Nachdem er alle sieben Becher aufeinandergesetzt hat, betrachtet er den Turm. Sein Gesicht zeigt einen freudigen Ausdruck und er klatscht in die Hände. „Leon Turm baut", ruft er und blickt mich lachend an. Bald darauf baut er die Becher in umgekehrter Reihenfolge wieder ab und steckt sie nun ineinander. In dem Moment, als er das Becherset vom Boden aufhebt, entdeckt er einen kleinen Ball. Er ergreift ihn mit der linken Hand, mit der rechten zieht er den kleinsten Becher aus dem Set. Anschließend legt Leon den Ball in den kleinsten Becher hinein und umfasst ihn beidhändig. Erneut nehme ich einen freudigen Gesichtsausdruck an ihm wahr. Die Spielidee wird fortgesetzt, indem er den Ball als Nächstes in den zweitkleinsten Becher legt. Er betrachtet den Becher mit Ball und stellt ihn auf den am nächsten stehenden Tisch. Nun kehrt er zu den sechs übrigen Bechern zurück. Entgegen seiner Turmbauweise am Anfang der Spielsituation baut Leon die Becher jetzt folgendermaßen ineinander: Zuerst stellt er den großen, roten Becher auf seinen Becherboden, um den grünen, schwarzen, blauen und weißen Becher, mit den Becheröffnungen zum Boden weisend, hineinzustapeln. Zum Schluss setzt er den kleinen roten Becher wiederum als Turmspitze auf das entstandene Bechergebilde. Nach dem Bauen setzt sich Leon vor sein Bechergebilde und betrachtet es ruhig. Aus seiner sitzenden Position wechselt er in die Bauchlage und abschließend in den Stand, wobei er aus den veränderten Perspektiven auf seinen Becherbau schaut.

Einige Besonderheiten fallen mir an der beobachteten Spielsituation auf: Im Verlauf des Spiels entwickelt Leon mehrere Spielideen und geht ihnen nach. Er spielt in verschiedenen Körperhaltungen, z. B. im umgekehrten Schneidersitz, in der Hockstellung und im Stand. In diesen Körperhaltungen hält er sicher sein Gleichgewicht, seine Hände sind frei für das Spiel. Am Ende der Spielabschnitte, z. B. nach dem Bauen des klassischen Becherturmes, nach dem Hineinlegen des Balles in den Becher oder nach Entstehung des neuartigen Bechergebildes, hält Leon wiederholt für einige Momente inne und zeigt ein freudiges Betrachten seines Spiels.

2) Analyse der eigenen Reaktion

Mich faszinierte Leons Konzentration und Versunkenheit bei seinem Spielen. Zwar waren erst zwei andere Kinder da, aber es erschien mir, als ob er die Anwesenheit anderer Personen im Raum kaum bemerkte. Der wiederholte Ausdruck seiner Freude berührte mich sehr, und ich bemerkte meinen Impuls, auf ihn zuzugehen, ihn liebevoll zu umarmen, mit ihm die Freude zu teilen und sein Tun mit Worten zu bestärken. Mir fiel es schwer, mich zurückzuhalten. Andererseits wollte ich sein Spiel nicht stören, unterbrechen oder ablenken.

3) Analyse und Interpretation des Spiels

Das Spiel von Leon wies eine ausgeprägte Intensität auf. Im Spielverlauf zeigte er mehrfach positive emotionale Regungen. Während des Spielens sprach Leon wenig. Retrospektiv habe ich das Spiel in vier Spielabschnitte unterteilt. Das vertikale Bauen bzw. Stapeln stellt eine charakteristische Spielform des zweiten Lebensjahres dar (1. Abschnitt). Anschließend erprobte er einen Weg des Turmabbauens (2. Abschnitt).

Der Vorgang des Hineinlegens des Balles in die Becher (3. Abschnitt) spiegelt das Inhalt-Behälter-Spiel wider. Besonders Kinder im Alter von zwölf bis 16 Monaten zeigen dafür großes Interesse. Bei dieser Beobachtung nahm ich erstmalig wahr, dass Leon mit den Bechern eine neue Art des Bauens ausprobierte (4. Abschnitt). An den Folgetagen wiederholte sich dieser Spielvorgang.

4) Interpretation

Leon bewegt sich bereits frei im Raum, und es steht ihm die Möglichkeit offen, ein Spielzeug aus den niedrigen Regalen zu greifen. Er wählte ein ihm vertrautes Spielzeug. Das Becherset begann er bereits im Alter von ca. 12 Monaten zu erkunden. Zum damaligen Zeitpunkt vereinzelte er die Becher auf einer Unterlage, schob sie, drehte sie, klopfte sie aneinander und warf sie. Einige Wochen später befüllte er die Becher mit großen Holzperlen und kippte sie wieder aus. Danach vergingen abermals Wochen, und eines Tages probierte Leon, mit den Bechern einen Turm zu bauen. Über mehrere Wochen bevorzugte er die Becher, um täglich intensiv mit ihnen zu spielen und den Turmbau zu wiederholen. Nach dieser Spielphase sah ich die Becher seltener in Leons Händen. Vielleicht erweckten die Becher erneut sein Interesse, weil er eine noch unbekannte Spielform mit ihnen ausprobieren wollte. Am Anfang des Spiels praktizierte er die vielfach geübte Turmbauweise, welche er sicher und rasch bewältigte. Anschließend erprobte er einen Weg des Turmabbauens, und danach integrierte er den Ball in sein Spiel mit den Bechern. Ich weiß nicht sicher zu sagen, ob das Becher-Ball-Spiel für Leon eine neue Erfahrung war. Der 4. Spielabschnitt hinterließ für mich als Beobachterin den Eindruck von etwas Neuem. Dabei nahm ich an Leon, obwohl er bereits ca. 5 Minuten ausdauernd spielte, eine konzentrierte Hingabe wahr. Seine langsameren Bewegungen, sein ununterbrochener Blickkontakt zum Spielzeug und seinen Händen, das erprobende Stecken und Türmen kennzeichneten den explorierenden Charakter seines Spiels. Beim Absetzen der Becher neigte er etwas den Kopf. Auch die wortarme Spielweise kann als Ausdruck der Spielintensität und -vertiefung gesehen werden.

5) Pädagogische Überlegungen

Leon spielte allein, selbstständig und ohne Hilfe eines Erwachsenen. Ich habe mich passiv im Hintergrund gehalten, da mir Leons Verhalten keine Veranlassung gab, ihn bei seinem Spiel zu unterstützen. Auf diesem Wege erlebte er seine eigene Freude über seine neuen Entdeckungen. Zudem war es ihm möglich, selbstständig und nach eigener Initiative zu handeln und so die Welt besser kennenzulernen. Wesentlich finde ich die Erkenntnis, dass ein Kind, welches durch selbständige Experimente etwas erreicht, ein ganz andersartiges Wissen erwirbt, als eines, dem die Lösung fertig geboten wird. Die vom Kind gefundene Lösung ist das Resultat einer langwierigen, aufmerksamen, mühsamen, aber doch genussreichen „Forschungsarbeit".

7.11 Checkliste zur Vorbereitung von Entwicklungsgesprächen

Klären Sie zur Vorbereitung eines Entwicklungsgesprächs z. B. folgende Fragen:

1. Kontaktaufnahme/Einladung

☐ Wurden die Eltern rechtzeitig und in angemessener Form zum Gespräch eingeladen?

☐ Sind den Eltern das Thema des Gesprächs und die anwesenden Teilnehmer/-innen bekannt?

☐ Gibt es hierzu eine Rückmeldung bzw. ist eine neue Terminabsprache notwendig?

Notizen:

_____

_____

2. Äußere Rahmenbedingungen

☐ Ist ein dem Anlass angemessener Raum reserviert?

☐ Ist die Gestaltung des Raumes so, dass sich alle Gesprächsteilnehmer/-innen wohlfühlen? Sind z. B. Getränke vorhanden?

☐ Wurde genug Zeit für ein ausführliches Gespräch eingeplant (u. a. Klärung der Personalsituation in der Gruppenbetreuung, Berücksichtigung der persönlichen Arbeitszeit)?

Notizen:

_____

_____

3. Gesprächsablauf

☐ Ist die Rollenverteilung im Gespräch geklärt? (Wer schreibt das Protokoll? Wer begrüßt und bietet Getränke an? Usw.)

☐ Welche Störungen des Gesprächs könnten auftreten bzw. wie soll überhaupt mit Störungen umgegangen werden?

☐ Was sollte unbedingt angesprochen werden?

Notizen:

_____

_____

7.12 Raster Gesprächsprotokoll „Entwicklungsgespräch"

Dokumentation des Entwicklungsgespräches zu _____ [1]

Gespräch zwischen _____

und _____

Datum: _____

Letztes Entwicklungsgespräch: _____

1. Themenschwerpunkte: Welche Themen sollen heute besprochen werden?

☐ ...

☐ ...

☐ ...

2. Bericht über die Beobachtungen:

3. Austausch zu Einschätzungen:

4. Perspektiven/Vereinbarungen:

Nächster Gesprächstermin: _____

Dieses Protokoll verbleibt mit je einem Exemplar bei den Eltern und der Einrichtung.

Datum:

_____   _____
Unterschrift der Eltern   Unterschrift des Protokollanten

Evtl. Anmerkungen:

_____

_____

_____

_____

_____
1 *Name des Kindes einfügen*

7.13 Struktur einer Teamsitzung

1. Vorbereitung

- [ ] Gedankliche Vorbereitung durch alle Mitarbeiter/-innen

- [ ] Bereitlegung benötigter Unterlagen

- [ ] Festlegung der Aufgaben, z. B. Gesprächsleitung, Protokollführung, Verantwortliche/Verantwortlicher für die Zeitplanung

2. Durchführung (Verantwortlichkeit liegt bei der Gesprächsleitung)

- [ ] Verabschiedung des letzten Protokolls

- [ ] Sammlung bzw. Ergänzung der Tagesordnungspunkte

- [ ] Ordnung der TOPs auf Plakat, z. B. nach

  - [ ] Organisatorisches

  - [ ] Termine

  - [ ] Kind XY (Hier ist Raum für Beobachtungsbeschreibungen usw.)

  - [ ] ...

- [ ] Erstellen eines zeitlichen Ablaufs

- [ ] Besprechung der einzelnen Themen

3. Abschluss

- [ ] Etwa 30 Minuten vor Abschluss sollte der/die „Zeitverantwortliche" auf noch zu besprechende Themen hinweisen.

- [ ] Vertagte Punkte und verteilte Aufgaben noch einmal für alle wiederholen (Protokollführer)

- [ ] Ausblick auf die nächste Teamsitzung

8 Literaturangaben

8   Literaturangaben

Averhoff, C./Herkommer, L./Jeannot, G./Strodtmann, D./Weiß, E. (2007): Pädagogisches Handeln professionalisieren. Hamburg: Verlag Handwerk und Technik.

Beller, E. K./Beller, S. (2005): Kuno Bellers Entwicklungstabelle. 5. Aufl. Eigenverlag.

Beller, S./Beller, E. K.: Entwicklung beobachten, einschätzen und fördern. In: ZukunftsHB KiTas/Bildungsarbeit im Mittelpunkt, 53. Aufl., S. 1–14.

Bensel, J./Haug-Schnabel, G. (2005): Kinder beobachten und ihre Entwicklung dokumentieren. 3. Aufl. Freiburg: Verlag Herder.

Berger, M./Berger, L. (2004): Der Baum der Erkenntnis – Kunskapen Träd. Ein schwedischer Lehrplan für Kinder und Jugendliche von 1–16 Jahren. Eigenverlag.

Beschluss der Jugendministerkonferenz vom 13./14.05.2004 und dem Beschluss der Kultusministerkonferenz vom 03./04.06.2004: Gemeinsamer Rahmen der Länder für die frühe Bildung in Kindertageseinrichtungen.

Bundesverband Katholischer Tageseinrichtungen für Kinder (Hrsg.) (2004): KTK – Gütesiegel. Bundesrahmenhandbuch. Kempten: Kösel.

Bundesvereinigung Evangelischer Tageseinrichtungen für Kinder (BETA)/Diakonisches Institut für Qualitätsmanagement und Forschung GmbH (Hrsg.) (2002): Bundesrahmenhandbuch Evangelischer Tageseinrichtungen für Kinder. Ein Leitfaden zur Qualitätsentwicklung. schoendruck.de, Landshut.

Hebenstreit-Müller, S./Kühnel, B. (Hrsg.) (2004): Kinderbeobachtung in Kitas. Erfahrungen und Methoden im ersten Early Excellence Centre in Berlin. Berlin: Dohrmann Verlag.

Hobmair, H. (Hrsg.)/Altenthan, S./Betscher-Ott, S./Gotthardt, W./Höhlein, R./Ott, W./Pöll, R./Schneider, K.-H. (2008): Pädagogik. Troisdorf: Bildungsverlag EINS.

Irskens, B. (2004): Checkliste für Eltern: Kinder unter DREI in Kitas. Gütersloh: Bertelsmann Stiftung.
(Die Checkliste entstand in enger Zusammenarbeit mit Dr. W. Wüstenberg und basiert auf einer empirischen Studie von I. Riemann/W. Wüstenberg (2004): Die Kindergartengruppe für Kinder ab einem Jahr öffnen? Frankfurt/Main: Fachhochschulverlag.)

Jacobs, D. (2006): Kreative Dokumentation. Dokumentationsmodelle für Kindertageseinrichtungen. Weinheim/Basel: Beltz.

Knauer, S. (1999): Teilnehmende Beobachtung bei Kindern. In: Schüttler-Janikulla, Klaus (Hrsg.): Handbuch für ErzieherInnen in Krippe, Vorschule und Hort. München: mvg.

Koglin, U./Petermann, F. (2008). Entwicklungsbeobachtung und Dokumentation. Berlin: Cornelsen.

Kogel, K. (2007): Beobachtungsbögen – sinnvolle Vielfalt oder tatkräftige Verwirrung? Aus: klein & groß, 2007, 60 (10). München: Oldenbourg Schulbuchverlag, S. 11–15.

Leu, H. R. (2003): Der Bildungsauftrag in der Praxis, Lerngeschichten als Methode. In: kindergarten heute, 1/2003, Freiburg: Verlag Herder, S. 6–12.

Leu, H. R./Remsperger, R. (2004): Bildungsarbeit in der Praxis. Beobachtungsverfahren als Ergänzung zu curricularen Vorgaben. In: Wehrmann, I. (Hrsg.): Kindergärten und ihre Zukunft. Weinheim/Basel: Beltz, S. 167–180.

Leu, H. R./Flämig, K./Frankenstein, Y./Koch, S./Pack, I./Schneider, K./Schweiger, M. (2007): Bildungs- und Lerngeschichten. Bildungsprozesse in früher Kindheit beobachten, dokumentieren und unterstützen. Kiliansroda/Berlin: Verlag das Netz.

Michaelis, R./Haas, G. (1994): Meilensteine der frühkindlichen Entwicklung – Entscheidungshilfen für die Praxis. In: Schlack, H. G. u. a. (Hrsg.): Praktische Entwicklungsneurologie. Weinheim/Basel: Beltz, S. 93–102.

Michaelis, R. (2006): Die ersten fünf Jahre im Leben des Kindes. München: Knaur.

Möller, J. C./Schlenther-Möller, E. (2007): Kita – Leitung. Berlin: Cornelsen Verlag.

Neuß, N. (2007): Bildungs- und Lerngeschichten im Kindergarten. Konzepte – Methoden – Beispiele. Berlin: Cornelsen Verlag.

Schäfer, G. E. (o. Jg.): Beobachten und Dokumentieren als Aufgabe der Bildungsvereinbarung. Verfügbar unter: http://www.uni-koeln.de/ewfak/paedagogik/fruehekindheit/texte/BeobachtenUndDokumentierenAlsAufgabeDerBildungsvereinbarung.pdf

Schäfer, G. E. (2003): Bildung beginnt mit der Geburt. Weinheim/Basel: Beltz.

Viernickel, S./Völkel, P. (2006, 3. Aufl.): Beobachten und dokumentieren im pädagogischen Alltag. Freiburg: Verlag Herder.

Weber, Chr. (Hrsg.) (2004): Spielen und Lernen mit 0- bis 3-Jährigen. Weinheim/Basel: Beltz.